GIORGIO GALLI

In difesa del comunismo nella storia del XX Secolo

KAOS EDIZIONI

Prima edizione marzo 1998

ISBN 88-7953-071-2

INTRODUZIONE

Non avrei mai pensato che sarei arrivato a scrivere, all'età di settant'anni, una "difesa del comunismo", dopo che a venticinque scrissi una storia critica del Pci [1] che mi garantì una perdurante fama di "anticomunista" (e anche peggio).

Documentai, allora, l'assoluta condivisione, da parte di Togliatti e del Pci, di tutte le decisioni di Stalin (delle quali lo stesso Togliatti fu spesso esecutore, in Spagna e nella liquidazione del vertice del partito polacco), dalla messa a morte di leader comunisti dissidenti alle stragi degli anni Trenta. Un testo, quella *Storia del Pci*, che scrissi nel 1953, quando lo storico François Furet era ancora comunista [2].

Il libro di François Furet *Il passato di un'illusione*, dedicato al comunismo e edito nel 1995, è ben più ampio e documentato di quello che scrissi allora, e che era limitato all'Italia: insiste sul comunismo in Francia, ma con un'ampia visione sugli eventi internazionali. E tuttavia, nella sostanza ha un'impostazione del tutto analoga alla mia. Per questo mi stupisce che il libro di Furet venga presentato come una singolare novità.

---

[1] Cui seguirono altre edizioni, costantemente aggiornate, fino a quella della Kaos edizioni del 1992.

[2] Lo fu dal 1949 al 1956, uscì dal Pcf in quell'anno drammatico del rapporto Krusciov sul "culto della personalità" di Stalin e della repressione in Ungheria.

Tanto quanto trovo stupefacente che si discetti oggi attorno alla "questione Togliatti", di come si possa storicamente comporre la figura di un personaggio che è tutto inscritto nella storia dello stalinismo e del post-stalinismo (fino alla morte, nel 1964) e che ha comunque lasciato un'impronta "democratica" nella storia del suo partito e della società italiana.

La "questione Togliatti" è molto semplice [3]. Dopo i perigliosi anni della clandestinità e dell'esilio, dopo i rischi della guerra civile in Spagna e delle persecuzioni staliniane in Russia, Togliatti attestò il Pci su una linea politica di estrema prudenza. Successivi rischi corsi anche in Italia – l'attentato del luglio 1948, l'incidente automobilistico di due anni dopo – aggiunsero una nota di caratterizzazione personale alla linea di prudenza politica. Questa si fondava su due principi: l'assoluto allineamento, in tutti i campi, all'Unione Sovietica; e la capacità, in Italia, di far acquisire al partito tutte quelle porzioni di potere che una democrazia rappresentativa concede anche a chi sta all'opposizione, sia pure un'opposizione senza possibilità di accedere al governo e definita "anti-sistema" (secondo l'espressione, divenuta classica, del maggior politologo italiano, Giovanni Sartori). Questa strategia ha permesso al Pci di raccogliere parte dell'eredità positiva del riformismo socialista: nei sindacati, nella cooperazione, nelle amministrazioni locali, soprattutto nelle regioni "rosse".

La "difesa del comunismo" significa – al di là del completo allineamento stalinista e post-stalinista del vertice del Pci fino all'esaurirsi degli anni Sessanta [4] – anche difesa dell'impegno politico di milioni di militanti, di due generazioni, che in Italia hanno contribuito, attraverso l'elevamento delle classi subalterne, alla crescita e allo sviluppo dell'intera società italiana e

---

[3] Credo di averla già definita in un altro saggio, *La sinistra italiana nel dopoguerra*, edito nel 1958 dal Mulino e ripubblicato una dozzina di anni dopo dal Saggiatore.

[4] Critica – contenuta – di Luigi Longo (segretario del Pci dopo Togliatti) all'invasione sovietica della Cecoslovacchia, agosto 1968.

al processo di modernizzazione che l'ha condotta all'inizio dell'età post-industriale.

Il leader riformista Filippo Turati attribuiva al socialismo, a cavallo tra Ottocento e Novecento, il merito di aver trasformato «una plebe in un popolo». Un acuto sociologo di formazione marxista, prematuramente scomparso, Danilo Montaldi, nel libro *Saggio sulla politica comunista in Italia 1919-1970* (ed. Quaderni piacentini) ha parlato di intelligente uso dello stalinismo, a fini di classe, da parte del movimento operaio italiano, come comportamento collettivo, a tratti relativamente autonomo rispetto alle strategia di vertice. Ritengo che, più in generale, si possa affermare che il comunismo, in Italia, è consistito in un intreccio di atteggiamenti e di tattiche che hanno lasciato il segno delle classi subalterne in una fase di dinamica evoluzione della società italiana.

La controparte negativa di questo processo è stata l'involuzione del sistema politico: per mancanza di ricambio al governo e nella classe dirigente, per una pratica sempre più degenerativa della gestione del potere (al centro e in periferia) che via via ha assunto le caratteristiche e la definizione spregiativa di "consociativismo" (intesa sottobanco tra le forze politiche le più diverse, al di là delle enunciazioni ideologiche).

Questa situazione, tanto per i suoi aspetti positivi (sviluppo sociale) che per i suoi aspetti negativi (degenerazione politica), non ha nulla di comune con la "guerra civile" evocata dallo storico Ernst Nolte, benché talvolta abbia dato luogo a tensioni forti, anche negli anni che hanno preceduto il Sessantotto (il citato attentato a Togliatti; il giugno-luglio 1960, col governo Tambroni sostenuto dal Msi: in entrambi i casi vi furono violenti scontri di piazza).

Quanto al periodo successivo al Sessantotto – la "strategia della tensione", gli "anni di piombo" – se sintomi di guerra civile sono sembrati delinearsi (ben più nei timori o nelle aspettative, che nella realtà), il Pci si è decisamente collocato nella parte di chi quelle esigue fiammelle era impegnato a spegnere, avversando duramente i piccoli gruppi che speravano di ravvivarle. Nulla a che vedere, dunque, per quanto concerne il Pci e l'Italia, con la «guerra civile del comunismo contro la democrazia rappresentativa» di cui scrive Ernst Nolte.

Stupisce, quindi, che commentatori i quali in altri tempi criticarono il Pci da sinistra, e che in seguito hanno giustamente denunciato i mali del consociativismo (come lo studioso Ernesto Galli della Loggia), giustifichino oggi il perentorio anticomunismo (spesso solo verbale) dei partiti della prima Repubblica come se esso fosse stato la giusta risposta ai progetti eversivi attribuiti da Nolte al movimento comunista in generale.

Chiarita la questione Togliatti e precisato che il caso italiano non rientra per nulla negli schemi noltiani, personalmente posso essermi sentito in anticipata sintonia con Nolte (prima che la teorizzazione dello storico tedesco assumesse la portata che ha poi assunto) quando affrontai la questione del comunismo cinese, con la ripresa di una prospettiva rivoluzionaria e con le ripercussioni che essa avrebbe potuto avere nella società occidentale, compreso un possibile rilancio di movimenti di tipo fascista proiettati alla guida di fronti nazionali [5] anticomunisti (la tesi espressa nell'opera noltiana *Nazional-socialismo e bolscevismo*). Ho pubblicato in successione, su questa tematica: *I colonnelli della guerra rivoluzionaria* (1962), *La tigre di carta e il drago scarlatto. Il pensiero di Mao Tse-Tung e l'Occidente* (1970) [6], editi entrambi dal Mulino; e infine *La crisi italiana e la destra internazionale*, edito nel 1975 da Mondadori [7]. Sempre con percorso parallelo a quello di Ernst Nolte, non avendo accettato la caratterizzazione del nazionalsocialismo con lo schema del "male assoluto", proprio mentre lo storico tedesco scriveva *Nazional-socialismo e bolscevismo* (pubblicato in Italia nel 1988) elaboravo *Hitler e il nazismo magico* (edito nel 1989).

Segnalo questi precedenti perché, pur riprendendo la tematica della *Storia del Pci* e de *La sinistra italiana nel dopo-*

---

[5] Preciso che ho usato in questo senso il termine "fronte nazionale" prima che l'omonimo movimento francese di Jean Marie Le Pen assumesse il peso politico che in seguito ha avuto.

[6] Frutto di una ricerca condotta presso la Fondazione Agnelli, a Torino.

[7] In seguito ripubblicato da Gammalibri col titolo *La Destra in Italia*.

guerra, con particolare attenzione alla interpretazione rivoluzionaria del marxismo, la mia era una riflessione storica e sull'ideologia – soprattutto sul comunismo, e in parte sul fascismo – senza diretta attinenza con le scelte politiche (anche se mi ha procurato le contrapposte etichette di "anticomunista" e di "maoista"). Ma segnalo questo percorso culturale anche e soprattutto perché potrebbe indicare una comunanza di attenzione per la tematica che poi sarebbe stata di Nolte; e quindi fare del sottoscritto la persona meno indicata per scrivere questa "difesa del comunismo".

Infatti se quella mia interpretazione della storia del Pci e della sinistra italiana anticipa ed è in sintonia con le tesi di Furet; e se la possibile contrapposizione fra un rilancio rivoluzionario del comunismo attraverso il pensiero di Mao Tse-Tung e le guerre di decolonizzazione (con possibili contraccolpi di fronti nazionali occidentali fascistizzanti) può essere in sintonia con le tesi di Nolte: perché impegnarsi in una difesa del comunismo, oggi che le tesi di Furet e quelle di Nolte hanno conquistato un'egemonia culturale per la quale essere allineato con esse, o magari averle talvolta anticipate, può costituire un buon biglietto di presentazione culturale?

Darò qui una risposta per quanto riguarda la storiografia come disciplina: per quanti elementi di realtà possano contenere, le tesi di Furet e di Nolte forniscono una visione deformata di quanto è accaduto nel XX Secolo che sta per finire. Esso non è il secolo che ha avuto per protagonista il comunismo e il suo progetto di guerra civile mondiale: lo è potuto sembrare, dopo il 1945. Non è stato neppure il secolo dominato dalla contrapposizione tra fascismo e comunismo, anche se lo è potuto sembrare fino alla seconda guerra mondiale. Infine non è il secolo che ha visto realizzarsi la geniale profezia tocquevilliana, con due sole grandi potenze (Stati Uniti e Russia), anche se lo è potuto sembrare per quasi metà del suo percorso, dal 1945 al 1989, anno della caduta del Muro di Berlino [8].

---

[8] Anche se non è escluso che l'attuale presente della Russia abbia, come quello della Cina, sviluppi non facilmente prevedibili, come si vedrà.

La definizione del XX Secolo più aderente alla realtà mi sembra possa essere quella del titolo di un libro di cui dirò, *Il secolo americano*. Se è così, allora questa difesa del comunismo non ha solo il significato di proporre una più corretta interpretazione storiografia, ma anche quello di guardare non solo al passato bensì anche al futuro.

IN DIFESA DEL COMUNISMO NELLA STORIA DEL XX SECOLO

Illusione e speranza

In Italia il 1998 è cominciato con la pressante richiesta, rivolta a comunisti e post-comunisti, di rompere «l'assordante silenzio» (la brillante espressione è di Sandro Viola, su "la Repubblica") sui crimini "rossi" e «sul loro passato di complici delle nefandezze di cui il comunismo si è macchiato dovunque aveva la possibilità e i mezzi per commetterle» [9].

Il segretario del Pds Massimo D'Alema ha rotto "l'assordante silenzio", e dopo aver rilevato «qualcosa di sgradevolmente strumentale» nel dibattito, ha dichiarato: «Al di là delle intenzioni, è fuor di dubbio che si tratti davvero di una tragedia che tocca profondamente le nostre coscienze. Anche il Pci è stato parte di questa storia e negli anni bui dello stalinismo vi fu una reticenza e una corresponsabilità del Pci di Togliatti [la cui] impronta originale [ha avuto] un cammino tormentato, pieno di contraddizioni, di reticenze, di timidezze, lento e tardivo nelle sue determinazioni ultime... Abbiamo giustificato quell'ambiguità nella speranza che si potesse promuovere una riforma democratica del comunismo dal suo interno: [fu] una illusione. Alla sinistra democratica, socialista, azionista, laica e cattolica va il merito di aver visto, prima di noi, e di aver detto in modo più chiaro che sotto le bandiere del comunismo non

[9] Indro Montanelli, "Corriere della Sera" 10 gennaio 1998. Sul "Corriere" questa campagna "contro il comunismo" è stata condotta prevalentemente da Ernesto Galli della Loggia.

si edificava l'uomo nuovo, ma si affermava una forma odiosa e terribile di oppressione dell'uomo sull'uomo» [10].

Con l'ultimo concetto, D'Alema sembra riecheggiare il libro *Il passato di un'illusione* di François Furet (Mondadori), presentato come «il bilancio ideale di un secolo in cui il sogno dell'uguaglianza si è trasformato nell'incubo del totalitarismo». Ma al di là dell'eco, è opportuno precisare che, come si vedrà, quella del Pci non fu "reticenza" e "corresponsabilità", timidezza e lentezza, bensì *entusiastica e piena adesione* per tutta l'età di Stalin, e piena condivisione fino al dicembre 1981 (crisi polacca) di quelli che furono gli esiti politici del cosiddetto "socialismo reale" (che socialismo non era).

Questo giudizio sulla "grande speranza" che è diventata una "immane tragedia" (simboleggiata dagli 85 milioni di vittime delle quali parla il *Libro nero del comunismo*, edito in Francia da Laffont e in Italia da Mondadori) è condivisibile. Ma è solo una mezza verità. L'altra metà investe l'intera interpretazione storica del XX Secolo che finisce, perché è precisamente da una interpretazione storica che deriva l'assioma in base al quale vengono attribuiti al "comunismo" i massacri che hanno insanguinato su scala mondiale "il secolo delle ideologie" (per richiamare il titolo del noto saggio del maggior politologo tedesco, Karl Friedrich Bracher, edito in Italia da Laterza).

L'interpretazione storica che si è andata affermando in questi decenni – dal primo libro sui *Tre volti del fascismo* (edito dal Mulino negli anni Sessanta), al più recente, scritto proprio con Furet – è quella elaborata da Ernst Nolte [11]. La cultura della sinistra ha ritenuto di esorcizzare questa interpretazione collocandola nel quadro del revisionismo storiografico, quasi che Nolte intendesse "giustificare" il nazismo (e magari i campi di sterminio) quale conseguenza-contrapposizione della fase staliniana del comunismo sovietico.

---

[10] "l'Unità", 18 gennaio 1998.

[11] Cfr. E. Nolte-F. Furet, *XX Secolo. Per leggere il Novecento fuori dai luoghi comuni*, ed. Liberal.

Non si tratta di questo. Nolte non ha inteso, ovviamente, giustificare il nazional-socialismo (né tantomeno i lager). Ha inteso collocare tale fenomeno politico in una interpretazione della storia del XX Secolo, che sarebbe stata la storia di una "guerra civile", prima europea e poi mondiale, scatenata dal comunismo contro la società liberal-democratica. È questa interpretazione che va confutata in blocco, se si vuole evitare il luogo comune dei partiti comunisti (e, per contrapposizione con loro, dei partiti "fascisti") come unici protagonisti e responsabili dei drammi del secolo che sta per finire, con una conseguente connotazione positiva di tutti gli altri soggetti (i quali invece, di quei drammi – come si vedrà – condividono appieno la responsabilità).

Con Nolte concordo sul concetto di "guerra civile": nel senso che la serie di conflitti iniziati con la prima guerra mondiale e fino al crollo dell'impero sovietico, non sono stati solo una competizione fra Stati, ma anche una competizione tra classi sociali, orientate da ideologie che hanno assunto connotazioni simili a quelle che hanno portato alle guerre di religione del XVI e del XVII Secolo. Ma se di "guerra civile" si è trattato, essa non è stata iniziata dai comunisti nel 1917, come sostiene Nolte: è cominciata, invece, nel 1914, con la «guerra civile europea» (Nolte) dichiarata quando i comunisti praticamente non esistevano. Essi non furono la *causa*, ma il *prodotto* di una guerra le cui premesse risalgono – come dimostrerò – alla nascita dello Stato moderno, alla rivoluzione contrattualistica (Hobbes, Locke) e, in ultima analisi, alla stessa rivoluzione scientifica (della quale Marx è l'erede).

Prima di procedere a una trattazione sistematica, mi sembra utile ricordare che ho mosso questa obiezione a Nolte la prima volta che l'ho incontrato, durante un convegno a Firenze nel lontano novembre 1990 (sul tema della Germania, da Weimar alla caduta del Muro di Berlino). Era facile capire la grande pregnanza che avrebbero avuto le tesi noltiane [12]; così come mi pareva riduttiva e inadeguata la posizione della cultura di

---

[12] Ne scrissi allora in due articoli su "Il Secolo XIX".

sinistra, che riteneva di confutare Nolte liquidandolo come "revisionista" – una sommaria e superficiale confutazione che di fatto ha permesso all'interpretazione noltiana di conquistare egemonia storiografica nel post-comunismo.

Ho reincontrato Nolte più di recente, durante un convegno all'università Cattolica di Milano (marzo 1997) dedicato alla cosiddetta "rivoluzione conservatrice" (Germania pre-hitleriana). Gli ho ricordato il nostro dibattito del 1990, e lui ha definito le mie come «obiezioni ideologiche». In realtà sono obiezioni storiche; ma è evidente che Nolte può non tenerne conto proprio in quanto risultano una contrapposizione isolata a una corrente storiografica che, di fatto, ha conquistato una solida egemonia culturale. Scrivo ugualmente questo saggio, anche perché l'esorcizzazione del "comunismo" potrebbe trasformarsi in una pesante remora capace di inibire e sterilizzare ogni ipotesi antagonista e alternativa al «nuovo disordine mondiale» [13], cioè lo scenario che si presenta alle soglie del Duemila.

---

[13] È il titolo dell'ultimo libro di Giovanni Spadolini.

Lenin a Zurigo

È vero che nel 1914 Lenin lanciò la parola d'ordine della «trasformazione della guerra imperialista in guerra civile»; ma intanto non avrebbe potuto lanciarla se non fosse scoppiata la «guerra imperialista»; e in ogni caso la parola d'ordine del leader bolscevico cadde nel vuoto più assoluto, fino a che la guerra – e non il "comunismo" – portò alla caduta dell'impero zarista (rischio intuito da Rasputin, che prima consigliò allo zar di evitare il conflitto, e poi lo esortò alla pace separata con la Germania, vero motivo del suo assassinio – ma questo si vedrà più avanti).

Lenin (e di conseguenza il "comunismo") potè fare ben poco non solo nel 1914, ma perfino all'inizio del 1917, allorché la "rivoluzione di febbraio" venne promossa non già dal «partito di Lenin» (come sostiene anche Trotzkij, nella sua *Storia della rivoluzione russa*), ma dalla borghesia liberal-democratica, spronata da quella franco-inglese attraverso comuni radici massoniche.

La più brillante descrizione della situazione di Lenin (e del "comunismo") tra il 1914 e il 1917 è in *Lenin a Zurigo*, che si presenta come un romanzo ma che in realtà è una ricostruzione storica (anche se in qualche punto forzata dalla forma narrativa), opera di un autore il cui anticomunismo non può essere posto in dubbio: Alexandr Solzenicyn [14].

---

[14] Il libro è edito in Italia da Mondadori.

Il narratore si identifica con lo stesso Lenin. Quando scoppia la guerra, esule dalla Galizia austriaca, rischia di essere arrestato, se non linciato, come spia russa (zarista!). Raggiunta faticosamente la Svizzera, nel 1915 ritiene, pur avendo lanciato la citata parola d'ordine, che forse la sua generazione non vedrà la rivoluzione in Russia; pensa di lavorare per prepararla in Svizzera, oppure in Svezia. Quando scoppia la rivoluzione di febbraio, quasi non vi crede. La descrizione di come apprende la notizia comprende pagine tra le più letterariamente efficaci del libro:

> «Bronski [*un compagno, ndr*] entrò senza sedersi: "Non avete saputo niente?". "Cioè?". "In Russia, c'è la rivoluzione". Ilic [Lenin] alzò gli occhi dal suo bollito, non granché impressionato, non più che se gli avessero portato la nuova che la carne era diminuita, e guardò il placido Bronski: "Che idiozia. E da dove verrebbe la notizia?". "Dai dispacci telegrafici, sulla stampa tedesca". "E allora? Sulla stampa tedesca, e a proposito della Russia! Mentono, è chiaro". Lui finiva tranquillamente di mangiare» [15].

Invece la rivoluzione vinse, anche se non vi era nessun rivoluzionario a dirigerla. La migliore ricostruzione storica di quelle giornate è nel testo citato di Trotzkij. Ma la sua affermazione che fosse «il partito di Lenin» a guidarla è inesatta. A Pietroburgo vi erano pochi bolscevichi, la rivoluzione vinse – lo si desume anche dal testo di Trotskij citato – perché poliziotti e poi cosacchi incaricati della repressione si comportarono blandamente, fino a permettere ai dimostranti (inizialmente quasi solo donne, che cercavano nei negozi il pane nascosto che mancava) di assaltare le sedi della polizia, impadronendosi di armi.

E perché la ribellione non venne stroncata? Perché la pur esile borghesia russa, il partito liberal-democratico (i cadetti),

[15] Pagg. 218-19. E più avanti, convinto che qualcosa sia effettivamente accaduto, Lenin pensa: «In Russia potrebbero succedere molte cose, ma non c'è comunque nessuno a dirigerle. Di sicuro ormai tutto è perduto e soffocato nel sangue, ma si saprà solo dopodomani, dai dispacci» (pagg. 229-30).

sollecitata dai governi di Londra e Parigi (non senza, come si è detto, interventi massonici), voleva bloccare il tentativo del "partito tedesco" (guidato dalla zarina), il quale anche dopo e nonostante l'assassinio di Rasputin pensava a una pace separata con la Germania, poiché temeva che le sconfitte in guerra provocassero una rivoluzione (come già nel 1905, durante il conflitto col Giappone). I cadetti volevano invece condurre più efficacemente la guerra con gli alleati, riorganizzare l'esercito sottratto al comando del debole zar, e nello stesso tempo dotare il Paese di un governo efficiente, ampliando il potere della Duma (il parlamento, con poteri assai ridotti).

Così alla rivoluzione di febbraio venne permesso di vincere, lo zar abdicò, si formò il governo della Duma. I bolscevichi, usciti dalla clandestinità, erano una ridotta minoranza negli stessi soviet degli operai, dei contadini e dei soldati; in un primo tempo non si opposero neppure alla prosecuzione della guerra.

Se i "comunisti" pensarono poi alla conquista del potere, fu per una variante che i protagonisti della rivoluzione di febbraio – russi, inglesi e francesi – non avevano calcolato: cioè che esercito e popolazione russa della guerra non ne volevano più sapere. E si verificò anche un imprevisto: che lo stato maggiore tedesco (e particolarmente il generale Erich Ludendorff) si convinse che fosse opportuno far tornare Lenin in Russia, affinché – secondo il suo programma – la facesse uscire dal conflitto.

Si vedranno più avanti le conseguenze e l'applicazione della parola d'ordine leninista della «trasformazione della guerra imperialista in guerra civile». Ora è importante ribadire un punto: non furono gli inesistenti "comunisti" a provocare l'inizio della grande guerra civile europea nell'agosto 1914. E se non i comunisti, chi furono i protagonisti di quel tragico inizio? Per individuarli, occorre risalire alla rivoluzione scientifica del XVII Secolo, che in ambito politico assume i connotati della rivoluzione contrattualista.

Le regole del gioco e le regole mancate [16]

La rivoluzione contrattualista caratterizza una grande conquista dell'Occidente: quella del potere basato sul consenso e non sulla forza e sul diritto divino, come nei duemila anni che intercorrono tra la fine della *polis* greca e la vittoria del Parlamento nella guerra civile inglese del XVII Secolo.

In un cammino che inizia con Hobbes nasce lo Stato moderno, sulla base di quella normativa che il maggior filosofo politico italiano, Norberto Bobbio, ha popolarizzato con l'espressione di «regole del gioco». Viene in tal modo normato il conflitto sul piano interno, in ogni singolo Stato, per evitare quella guerra civile permanente che era stata una caratteristica del Medioevo.

Ma questa grande conquista dell'Occidente non si estende ai rapporti tra gli Stati, sul piano internazionale; una comunità internazionale di diritto non procederà dallo Stato di diritto: il cosiddetto diritto internazionale rimarrà allo stato larvale, nonostante le elaborazioni teoriche che vanno da Grozio, a Pufendorf, a Kant.

Così l'epoca del consolidamento dei grandi Stati moderni è anche quella dell'avvio di conflitti sempre più estesi fra gli

[16] Questa esposizione è una attualizzazione di alcuni passaggi cruciali della mia *Storia delle dottrine politiche*, la cui prima edizione risale all'inizio degli anni Ottanta, che ne ha avute altre, fino a quella del 1995 (ed. Bruno Mondadori): a suo tempo mai avrei pensato di utilizzarla "in difesa del comunismo".

stessi Stati: dalla guerra dei trent'anni a quelle di successione, da quelle per la supremazia oltremare fra Inghilterra e Francia alle napoleoniche, fino ai due grandi conflitti mondiali, che non a caso due personalità tanto diverse quali Winston Churchill e il teorico nazista Alfred Rosemberg definirono come uno scontro unico, la «seconda guerra dei trent'anni», tra il 1915 e il 1945 (terminologia che evoca le definizioni di Ernst Nolte).

Lo scopo del contratto politico – le "regole del gioco" che culmineranno nella democrazia rappresentativa – è dunque quello di evitare la guerra civile ciclica propria del Medioevo: si parte proprio da una guerra civile (quella inglese del 1640-1688) per superarle tutte.

Conclusa la fase di transizione, si può dire che le guerre civili saranno l'eccezione, negli ultimi tre secoli, nelle società industriali d'Occidente, tanto che, fino al primo conflitto mondiale, quelle importanti sono soltanto due: la rivoluzione francese, con lo sterminio dei girondini e dei vandeani (tema caro proprio a François Furet); e il conflitto tra l'Unione e la Confederazione sudista in America, nel 1861-65 (episodi minori sono la Comune di Parigi e le guerre carliste in Spagna; l'America latina fa storia a sé).

Si tratta, dunque, di situazioni circoscritte; ed è legittimo ipotizzare che, senza le regole del gioco che hanno normato il conflitto interno, lo sviluppo della società industriale sarebbe stato diverso, più lento, più difficile. Infatti queste società sarebbero state minate dal tasso di distruzione di risorse implicito in una guerra civile permanente; l'accumulazione di tali risorse, indispensabili alla crescita del capitalismo moderno, ne sarebbe risultata compromessa, con conseguenze più rilevanti rispetto a una società fino al XVII Secolo fondata basilarmente sull'agricoltura (che richiede minore accumulazione, per cui, se danneggiata, supera più facilmente le difficoltà della guerra civile permanente).

Le regole del gioco, nate concettualmente (Hobbes, Locke) e praticamente (il potere legislativo del Parlamento eletto) nell'Inghilterra del XVII Secolo, saranno dunque una condizione per quella prima rivoluzione industriale la cui data di nascita viene fissata alla metà del secolo successivo.

È il caso di sottolineare – poiché si imputano al comunismo stermini di massa e milioni di morti – che anche questa grande conquista dell'Occidente, cioè le regole del gioco che culmineranno nella democrazia rappresentativa, è accompagnata da uno sterminio di massa: la "caccia alle streghe" [17].

Lo Stato moderno nasce dunque attrezzato per porre fine alla guerra civile interna con le regole del gioco, e per competere senza regole con gli altri Stati sul piano internazionale. Le ragioni per le quali tale Stato moderno viene definito dal suo primo teorico (Hobbes) col nome biblico del mostro Leviatano sono interessanti [18]. Il termine Leviatano, mostro di immane potenza, è di particolare utilità per questa riflessione, perché sono proprio gli Stati-Leviatani (e non i comunisti) a essere all'origine di quel primo conflitto mondiale col quale cominciano le stragi del Secolo. La prima responsabilità comunista non è di averle promosse, semmai di avere concettualizzata una prospettiva storica errata, per la quale il Lenin del 1914 si presenta (anche per altri aspetti) come un coerente continuatore di Marx.

Tutte le forme storiche di organizzazione produttiva che la società umana ha conosciuto sono state via via superate; e si può ritenere che lo sarà anche il capitalismo. Ma l'errore di Marx prima e di Lenin dopo è stato quello di credere di vivere il tempo del declino del capitalismo, se non del suo crollo (una teoria peraltro diffusa anche nella Seconda internazionale, quella del "rinnegato Kautsky", secondo la definizione che Lenin dava del leader socialdemocratico tedesco) [19].

---

[17] La stretta connessione fra la rivoluzione contrattualistica e i centodiecimila processi, con relativi roghi, che hanno devastato l'Europa per due secoli (dalla metà del XV alla metà del XVII), è oggetto di una mia analisi in *Cromwell e Afrodite. Democrazia e culture alternative* (Kaos edizioni).

[18] Personalmente le ho analizzate, anche attraverso l'opera del grande scienziato politico Carl Schmitt, in *Hitler e il nazismo magico. Le componenti esoteriche del Reich millenario* (Rizzoli).

[19] Rimando chi fosse interessato a una mia sintetica valutazione del pensiero di Marx alla citata *Storia delle dottrine politiche*.

Fin dal *Manifesto dei comunisti* del 1848, il filosofo di Treviri vedeva la borghesia già oltre la fase positiva della sua evoluzione storica. Da allora, ogni generazione di rivoluzionari marxisti ha ritenuto di vivere gli ultimi anni del capitalismo; e Lenin si colloca in questa storia, quando vede nel capitalismo, proprio perché in declino, la causa di fondo del primo conflitto mondiale. Il titolo del suo saggio *L'imperialismo ultimo stadio del capitalismo* esprime bene questa concezione.

Ma la prima guerra mondiale non ha origine da una competizione fra Stati capitalisti per rallentare il declino contendendosi i mercati. Ha origine dalla vocazione degli Stati-Leviatani alla continua espansione, dalla mancanza di regole per normare la componente distruttiva di questa vocazione e dalle esigenze delle sempre più imponenti macchine belliche messe a punto per soddisfare quella stessa vocazione.

I Leviatani costruiti per porre fine alle guerre civili all'interno degli Stati sono precisamente i promotori di un'altra guerra civile: quella che, secondo la definizione di Nolte, cominciò a dilaniare l'Europa (e poi dilanierà il mondo) in quell'agosto del 1914 nel quale i comunisti non esistevano, mentre Lenin era al colmo del disorientamento (riteneva che il voto dei deputati socialisti tedeschi in favore dei crediti di guerra fosse una invenzione del Kaiser, che li aveva incarcerati).

La guerra del 1914 era effettivamente una competizione fra imperi-Leviatani, ma una storiografia esauriente dimostra che i capitalisti (banchieri, imprenditori, grandi proprietari) non ebbero parte alcuna nel processo decisionale che portò al conflitto, nel quale ebbero un ruolo determinante gli stati maggiori militari, impegnati a rispettare scrupolosamente i tempi delle mobilitazioni di masse di eserciti imponenti, tempi il cui succedersi in Russia, in Germania e in Francia furono decisivi nel portare alla guerra [20].

Elemento decisivo – come lo sarebbe stato anche nel 1939 –

[20] Il lettore che, senza annegare in un mare di carta, voglia documentarsi in proposito su un solo testo, può leggere quello di Gian Enrico Rusconi *Rischio 1914. Come si decide una guerra* (Il Mulino).

fu un errore di valutazione della Germania sull'atteggiamento inglese. Il Kaiser nel 1914, come poi Hitler nel 1939, era infatti convinto che l'Inghilterra non sarebbe entrata in guerra e che avrebbe accettato una sorta di condominio mondiale anglo-tedesco: a Londra l'impero mondiale, a Berlino l'egemonia sul continente europeo. Il sovrano tedesco fondava la sua certezza circa la neutralità inglese sull'opinione che a essa fosse favorevole Giorgio V (come Hitler pensava forse di influire su Giorgio VI con la missione di Rudolf Hess, della quale si parlerà più avanti).

Lo storico Fritz Fischer, che negli anni Sessanta provocò un vivace dibattito in Germania dopo aver riproposto la tesi che su di essa ricadesse la maggiore responsabilità per lo scoppio della guerra nel 1914, nel suo libro *Assalto al potere mondiale* (Einaudi) così descrive una fase cruciale dello scambio di note tra Londra e Berlino, che si incrociarono nelle decisive giornate del 29 e del 30 luglio:

«Nel corso di queste consultazioni la neutralità inglese parve una cosa sicura; e infatti il principe Enrico di Prussia informò che Giorgio V (Georgy) non sarebbe intervenuto... Arrivò un telegramma di re Giorgio – indirizzato al principe – in cui si parlava di una collaborazione anglo-tedesca al fine di salvare la pace. Questo telegramma arrivò di notte (30 luglio, ore 23.08). Bastò questa vaga prospettiva di un ritorno alla normalità perché subito il cancelliere tedesco, alle 23.20, annullasse la raccomandazione di moderazione all'Austria. [Ma] nella tarda mattinata del 31 luglio il Kaiser fu informato dall'addetto navale a Londra che "l'Inghilterra ci attaccherà immediatamente per mare" qualora si addivenisse "a una guerra contro la Francia". Per il Kaiser fu un durissimo colpo, tanto più che aveva preparato assieme al principe Enrico di Prussia una risposta alla prima presa di posizione di Giorgio V. Fino a quel momento si era cullato nella speranza che l'Inghilterra sarebbe rimasta neutrale» [21].

Ma intanto la mobilitazione era in atto, la macchina bellica non si poteva più arrestare. E l'accenno all'Austria rammenta

---

[21] Pagg. 81-88.

che la causa immediata del conflitto era il suo ultimatum alla Serbia, i cui servizi segreti avevano organizzato l'attentato di Sarajevo (che era costato la vita all'erede al trono) in collaborazione con la polizia segreta russa (l'Ocrana), la stessa che combatteva i bolscevichi e che aveva infiltrato un suo agente (Roman Malinovski, deputato alla Duma) al loro vertice.

Non i "comunisti", dunque, ma proprio chi aveva la funzione istituzionale di combattere i bolscevichi di Lenin, fu all'origine nel 1914 della "guerra civile europea" della quale parla Ernst Nolte. Ma fu comune al pensiero di derivazione marxista della Seconda internazionale l'errore di vedere nel conflitto la conseguenza della lotta per i mercati e non la logica di potenza dello Stato-Leviatano.

La lotta per i mercati era certamente in corso, soprattutto tra Germania e Inghilterra. Quest'ultima, orgogliosa dei suoi prodotti marcati "made in England", aveva preteso che la Germania precisasse che i suoi prodotti erano invece "made in Germany", quindi di qualità inferiore. Ma quello che avrebbe dovuto essere un marchio svantaggiato, ora caratterizzava prodotti di qualità superiore a quelli inglesi e conquistava i mercati. Inoltre la Germania progettava la linea ferroviaria Berlino-Bagdad per installarsi nel Medio Oriente e rendere meno percorribile all'Inghilterra le vie dall'Europa all'India: la traduzione in termini economici del progetto militare napoleonico di insidiare dall'Egitto la via britannica per l'India.

Il pensiero marxista vedeva come determinanti queste e consimili competizioni. Il socialista umanitario Jean Jaurès (che sarebbe stato assassinato da un nazionalista, per il suo pacifismo, allo scoppio del conflitto) affermava che il capitalismo portava naturalmente nel suo seno la guerra, così come la nube porta l'uragano. Da questa impostazione nasceva anche la convinzione leniniana che l'imperialismo fosse l'ultimo stadio del capitalismo, e che quindi fossero maturi i tempi per la rivoluzione socialista preconizzata da Marx e da Engels.

Che la guerra potesse essere vista come pre-condizione della rivoluzione era, del resto, convinzione di parte dell'interventismo italiano di derivazione socialista e sindacalista rivoluzionaria, compreso il Mussolini dell'autunno 1914, apprezzato anche dai giovani Gramsci e Togliatti. Ma la guerra non era prevalentemente la conseguenza del capitalismo e della competizione per i mercati. Era una classica guerra interstatuale dei Leviatani, le decisioni finali che la provocarono furono degli stati maggiori e dei diplomatici, non degli imprenditori e dei banchieri. E il peso dei sentimenti nazionali, anche nella classe operaia, era tanto forte che risultò inattuabile lo sciopero generale, pur progettato dalla Seconda internazionale, per bloccare la mobilitazione e la guerra.

Questa interpretazione delle origini del primo conflitto si era consolidata nella storiografia tra le due guerre mondiali: la rivoluzione russa del 1917 era vista come crollo dell'impero zarista, così come erano crollati quello asburgico e quello ottomano; e il ruolo dei "comunisti" non era quindi ancora quello di protagonisti dei massacri del XX Secolo. L'ottica storica si venne modificando, fino a divenire quella noltiana, in conseguenza dell'emergere dell'Urss come "superpotenza", dopo il secondo conflitto mondiale.

Si può ritenere che la premessa di questi ulteriori sviluppi possa essere rintracciata nella impostazione di Lenin di «trasformare la guerra imperialista in guerra civile». Ma il leader bolscevico non sarebbe mai stato in grado di mettere in atto il suo progetto, senza le circostanze alle quali si è accennato e il cui filo occorre riprendere.

La conquista del Palazzo d'inverno

I menscevichi parlavano, in sede storica, delle due *rivoluzioni democratiche* del 1905 e del febbraio 1917 e del *colpo di Stato* (bolscevico) dell'ottobre 1917. La storiografia bolscevica contrapponeva a questa distinzione quella tra le *rivoluzioni democratiche* del 1905 e del febbraio 1917 (in ciò d'accordo con i menscevichi) e la *rivoluzione socialista* dell'ottobre 1917. Può essere che questa rivoluzione sia derivata da un colpo di Stato. Ma sia gli eventi del febbraio, sia quelli di ottobre del fatale 1917, ebbero per singolare coincidenza come involontari ispiratori dei non comunisti, i quali – ulteriore coincidenza – erano anche personalità influenzate dalla cultura esoterica: lord Alfred Milner e il generale Erich Ludendorff.

Il primo, frequentatore dei circoli occultistici londinesi, era amico e ascoltatissimo consigliere del premier Lloyd George, soprattutto in materia di politica estera. Come tale, lord Milner era la mente della delegazione inglese che giunse a Pietroburgo nel gennaio 1917 per verificare a quali condizioni (soprattutto rifornimento di munizioni) si potesse intensificare lo sforzo bellico russo. Fu in tale occasione e constatando la forza del "partito della pace" (ispirato, come si è detto, dalla zarina, di origine tedesca) e la debolezza dello zar, che lord Milner concordò coi cadetti di Miliukov (collegati alla massoneria e forse anche alle sue componenti più esoteriche, care al diplomatico inglese) iniziative per imprimere una svolta alla politica russa, onde ottenere un maggiore impegno bellico. Fu la premessa della rivoluzione di febbraio, il cui successo venne festeggiato dai cadetti all'ambasciata britannica, mentre Miliukov divenne ministro degli Esteri del governo provvisorio.

Ma esercito e popolazione erano provati da quasi tre anni di guerra; i fermenti rivoluzionari tra contadini e operai, mai completamente sopiti dopo il 1905 (con rivolte ben più estese di quelle del febbraio 1917), si diffondevano tra soldati e marinai logorati dalle frequenti sconfitte. Il progetto di potenziamento dello sforzo bellico contrastava con questa situazione oggettiva. I partiti "borghesi" (i cadetti, appunto) e "popolari" (socialisti rivoluzionari, menscevichi, inizialmente anche i bolscevichi, guidati da Stalin reduce dalla Siberia e da Molotov, perché i maggiori leader erano all'estero) concordavano sulla prosecuzione della guerra, ma soldati, operai e contadini vi si opponevano in misura crescente. Lenin intuiva questa situazione e le prospettive rivoluzionarie che essa offriva (abbattere il governo "borghese" della Duma e sostituirlo con quello "socialista" dei soviet); ma era bloccato a Zurigo. Come raggiungere la Russia?

Il classico testo di François Furet si apre con una affermazione da tenere costantemente presente: «Gran parte del successo del fascismo e del comunismo fu dovuto ai casi della congiuntura, vale a dire alla fortuna; è facile immaginare uno scenario diverso, con Lenin per esempio che nel '17 resta in Svizzera e Hitler che nel '33 non ottiene la Cancelleria» [22].

Di Hitler si dirà più avanti. Quanto a Lenin, anche Trotzkij, nella sua *Storia della rivoluzione russa*, si domanda se la rivoluzione avrebbe potuto avere successo nel caso Lenin non fosse giunto tempestivamente a Pietroburgo. Un marxista come Trotzkij non poteva non riflettere sul ruolo limitato che quel pensiero assegna al singolo. Lo stesso Plekhanov, padre del marxismo russo e maestro di Lenin, aveva scritto in proposito un saggio intitolato precisamente *Il ruolo della personalità nella storia*.

Trotzkij, col consueto acume, conclude che senza Lenin il percorso della "rivoluzione" sarebbe stato più lento, più acci-

---

[22] *Il passato di un'illusione*, pag. 12.

dentato, più problematico. E se Lenin poté giungere tempestivamente in Russia, già in aprile (le sue *Tesi di aprile* fissano il nuovo programma bolscevico: pace immediata e terra ai contadini), questo fu dovuto a un «caso della congiuntura», come direbbe Furet.

Fu un vecchio compagno di Trotzkij nella rivoluzione del 1905, come lui di origine ebraica, e con un nome carico di presagi, Ismail Lazarevic Helphand (nome di battaglia Parvus), divenuto nel frattempo grande finanziere internazionale e consulente dello stato maggiore tedesco, a convincere il teorico della “rivoluzione permanente” dell’opportunità di agevolare il ritorno in Russia di Lenin, che certamente vi avrebbe svolto un ruolo decisivo per far uscire il Paese dalla guerra.

L’uomo di punta dello stato maggiore che si convinse del progetto, il quartier mastro generale Erich Ludendorff, era, come lord Milner, interessato all’esoterismo. Nel 1917 Parvus gli procurò gli scritti di Lenin e gli consigliò non solo di favorirne il ritorno in Russia (col famoso treno a portiere bloccate per tutto il percorso in territorio tedesco), ma anche di finanziare il suo partito bolscevico.

È lecito domandarsi, con François Furet, se sia stata «una fortuna». Ludendorff sapeva che Lenin era un rivoluzionario, che andava in Russia per promuovervi una rivoluzione che intendeva estendere all’intera Europa, che non lo si poteva assolutamente condizionare con marchi-oro. Corse il rischio – per tentare di chiudere il fronte orientale, che teneva impegnate ingenti forze austro-tedesche – di favorire l’azione rivoluzionaria di chi poteva provocare il collasso (peraltro già avviato) dell’esercito russo e l’uscita della Russia dalla guerra, consentendo alla Germania un ultimo sforzo per vincere in Occidente, prima del decisivo intervento (aprile 1917) degli Stati Uniti in guerra e poi sul fronte francese.

Due esoteristi, un lord inglese e un generale tedesco, contribuirono dunque a innestare un processo che avrebbe portato alla rivoluzione di febbraio e a quella di ottobre, a quella «trasformazione della guerra imperialista in guerra civile» che fu il progetto di Lenin, dal quale deriva l’interpretazione di Ernst Nolte.

Ma i comunisti che conquistano il Palazzo d’inverno vanno

collocati nella storia dell'Occidente. Le vittime della guerra civile sono ancora vittime di una tradizione culturale che trova l'origine del termine "comunismo" nella rivoluzione francese (il primo a usarlo sembra essere stato Restif de la Bretonne, il "Rousseau dei suburbi", come veniva definito).

Lenin riprende il termine, collegandolo proprio alla prima "strage" (non comunista) del XX Secolo: «... Noi dobbiamo chiamarci partito comunista. La guerra ha condotto l'umanità intera sull'orlo del baratro, alla rovina di ogni cultura, all'abbrutimento e alla morte di milioni di uomini, milioni senza numero. Non c'è via d'uscita al di fuori della rivoluzione del proletariato. Noi vogliamo ricostruire il mondo, noi vogliamo mettere un termine alla guerra imperialista, nella quale sono trascinati centinaia di milioni di uomini, nella quale sono intrecciati gli interessi di centinaia e centinaia di miliardi di capitale e che non può terminare con una pace veramente democratica senza la più grande rivoluzione proletaria che la storia abbia mai conosciuto. È tempo di gettar via la camicia sudicia, è tempo di mettersi della biancheria pulita». La «camicia sudicia» era la socialdemocrazia, in quanto «Marx ed Engels si rassegnavano scientemente alla parola opportunista e falsa di "socialdemocrazia" perché apprezzarono giustamente il momento, capirono i compiti di una lenta marcia verso la rivoluzione sociale»: tutto ciò nel citato aprile 1917, nel *Progetto di piattaforma del partito del proletariato* [23].

È significativo che Lenin muovesse da una strage (anche il pontefice Benedetto XIV aveva parlato della guerra come di una «inutile strage», severamente redarguito da Mussolini su "Il Popolo d'Italia"), così come oggi la sua "camicia pulita", cioè i partiti comunisti cui diede nome e origine, vengono accusati di stragi di gran lunga maggiori.

La difesa del comunismo non è, ovviamente, la difesa di quelle stragi, sulla cui entità si tornerà più avanti. È la difesa della sua collocazione nella cultura occidentale, dalla quale i

[23] Ora in *Opere scelte*, edizioni in lingue estere, edito a Mosca nel 1948, pagg. 36-38.

critici odierni vorrebbero espungerlo, come se non la riguardasse. Essa, invece, è strettamente connessa al comunismo, alla sua nascita, ai suoi sviluppi, a partire dagli Stati-Leviatani, coevi della rivoluzione contrattualista e della rivoluzione scientifica, dalla quale Marx derivava la stessa definizione della sua dottrina: socialismo che si pretendeva "scientifico", in contrapposizione e in superamento di quello, presentato come "utopistico", dei Saint-Simon, degli Owen, dei Cabet.

Il collegamento tra cultura occidentale e "comunismo" è reso evidente dagli stessi sviluppi della rivoluzione russa, vista come proletaria, ma al tempo stesso come levatrice di una «democrazia» più avanzata di ogni «democrazia borghese», come Lenin spiegava in *Stato e rivoluzione*, pubblicato in quello stesso periodo, prima dell'ottobre 1917.

E perché più avanzata, nonostante si definisse, marxianamente, "dittatura del proletariato"? Perché la dittatura sarebbe stata provvisoria, come del resto quelle rivoluzionarie borghesi che avevano dato inizio alla democrazia rappresentativa, mentre l'ampliamento della democrazia socialista sarebbe stato garantito dall'essere espressione della maggioranza.

Il ragionamento era rigorosamente marxiano. Oggi il termine "dittatura", dopo appunto le stragi cui ha dato luogo nel XX Secolo, ha un significato puramente negativo. E che la classe operaia non solo non sia divenuta maggioranza della popolazione, ma si sia molto ridotta numericamente, divenendo anche meno omogenea, è un dato sociologico inoppugnabile.

Ma inizialmente anche le rivoluzioni borghesi avevano dato luogo a dittature, perlopiù militari (Cromwell, Napoleone). In Italia Garibaldi aveva unificato il Paese proclamando in Sicilia: «Assumo la dittatura in nome di Vittorio Emanuele» (e il suo aedo, Giuseppe Cesare Abba, cantava: «E alfin, mutate tempera e splendore/Di destra in destra tornerà romana/L'itala spada in pugno al dittatore»). Quanto alla classe operaia, che fosse «classe generale», numericamente prevalente, ma anche «erede della filosofia classica tedesca» (Engels) e portatrice dell'avvenire, era convinzione basilare della Seconda internazionale ("socialdemocratica").

È in questo quadro che va collocato il dibattito, in Russia, sulla conquista del potere, in un Paese dove la classe operaia era indubbiamente minoritaria, per la grande prevalenza contadina, e con una borghesia relativamente debole. Il dibattito tra i marxisti russi, dall'inizio del secolo, fu vivace e ad alto livello culturale.

I menscevichi (il più geniale era Jules Martov, della loro ala sinistra) ritenevano, secondo il classico schema marxiano, che la rivoluzione borghese dovesse precedere una rivoluzione socialista, impossibile in un Paese arretrato.

I bolscevichi ritenevano la borghesia russa troppo debole per attuare una rivoluzione; i suoi compiti storici avrebbero dovuto essere assunti dalla classe operaia. Lenin rifiutava lo slogan del primo Parvus (quello del soviet di Pietroburgo del 1905, presieduto dal giovane Trotzkij) «Abbasso lo zar, viva il governo operaio»; la formula di Lenin era quella della dittatura democratico-rivoluzionaria degli operai e dei contadini. Egli riteneva il soviet, «la formula nuova finalmente scoperta» (appunto nel 1905), in grado di sostituire la "democrazia borghese" (lo Stato di diritto, con la divisione dei poteri) con una più ampia democrazia, espressione della grande maggioranza della popolazione.

Il leader bolscevico riprendeva così l'impostazione di Engels, che differenziava la rivoluzione socialista da quelle che l'avevano preceduta proprio su questa base: quelle erano rivoluzioni (come quella borghese) compiute nell'interesse della maggioranza, ma attuate da una minoranza. Quella socialista sarebbe stata invece una rivoluzione attuata dalla maggioranza nell'interesse della maggioranza. Essa, secondo Lenin, si concretizzava nei soviet degli operai, nei contadini (e contingentemente nei soldati), e si esprimeva attraverso di essi. «Tutto il potere ai soviet» era la parola d'ordine bolscevica, con una breve (ma significativa) eccezione nel luglio 1917, quando, dopo il fallimento di un primo tentativo insurrezionale e visto che nei soviet i bolscevichi erano in minoranza, Lenin sostituì la parola d'ordine con «tutto il potere al partito bolscevico» (espressione accantonata già nell'agosto 1917, ma foriera della successiva, rapida involuzione).

Proprio su questa base concettuale, quando conquistarono la lieve maggioranza del 51 per cento nel soviet centrale panrusso, nell'ottobre 1917, i bolscevichi decisero la conquista del potere (la votò il loro comitato centrale – contrari i due più stretti collaboratori di Lenin, Zinoviev e Kamenev, che dissero: «Finiremo schiacciati come la Comune di Parigi»).

Occorre tenere conto di questo dibattito, permeato di cultura marxista occidentale accompagnata dalla previsione che la rivoluzione russa fosse solo il primo atto della rivoluzione europea, per capire la conquista del Palazzo d'inverno e quello che ne seguì.

I bolscevichi (e in particolare Lenin e Trotzkij) commisero un secondo errore di valutazione, dopo quello di avere ritenuto l'imperialismo l'ultimo stadio del capitalismo: ritennero che, come i capitalisti avevano scatenato la guerra, i proletari avrebbero scatenato la rivoluzione in tutta Europa, a partire dalla Germania.

Il terzo errore fu quello di ritenere che l'esigua maggioranza temporaneamente strappata a social-rivoluzionari e menscevichi nel congresso dei soviet fosse solida e definitiva: invece era destinata a dissolversi, come avviene in periodi di tumultuosi comportamenti collettivi, con la stessa rapidità con la quale si era formata, nei mesi tra l'aprile e l'ottobre del 1917, sulla base della citata parola d'ordine della pace immediata e della terra ai contadini anche prima della fine della guerra (e non dopo, come proponeva Cernov, ministro social-rivoluzionario dell'Agricoltura prima dell'ottobre).

Le parole d'ordine furono efficaci per prendere il potere: i contadini – disse Lenin – «votavano con i piedi», cioè abbandonavano il fronte per tornare a casa, a prendersi le terre. E in attesa della pace, i soldati della guarnigione di Pietroburgo, il 1° Reggimento mitraglieri e i fucilieri lettoni, preferirono conquistare il Palazzo d'inverno sconfiggendo il battaglione femminile che lo difendeva, piuttosto che combattere al fronte contro i tedeschi.

Ma efficaci per prendere il potere, quegli slogan erano sufficienti per mantenerlo? I bolscevichi erano dubbiosi, tentarono di coinvolgere nella loro impresa gli altri partiti "sovietici" (social-rivoluzionari e menscevichi); ma l'intesa si rivelò impossibile.

Forse gli storici non hanno prestato sufficiente attenzione al fatto che, probabilmente, quello che sarebbe stato il futuro del "comunismo delle stragi" si giocò nei pochi giorni che seguirono la "Rivoluzione d'ottobre" (che dopo il mutamento di calendario ebbe la data simbolica del 7 novembre), allorché i tre partiti "sovietici" – bolscevichi, menscevichi e social-rivoluzionari – continuavano a trattare, mentre non era escluso che Kerenski potesse raccogliere forze sufficienti per tentare di riprendere la capitale.

Le trattative si arenarono quando i menscevichi e i social-rivoluzionari si dissero disposti a discutere la formazione di un governo "dei soviet" (cioè senza partiti "borghesi"), ma a condizione che ne fossero esclusi Lenin e Trotzkij (autori del "colpo di Stato"). I bolscevichi, ovviamente, rifiutarono. Intanto Kerenski era ormai fuori gioco. I social-rivoluzionari si divisero, la loro ala sinistra era al governo con Lenin (ne sarebbe uscita dopo la pace separata con la Germania); la maggioranza, come i menscevichi, rifiutò ogni collaborazione.

La partita si decise con l'insediamento dell'assemblea costituente (insistentemente richiesta anche dai bolscevichi), eletta in ottobre, prima della rivoluzione. I social-rivoluzionari vi avevano la maggioranza assoluta, i bolscevichi il 25 per cento, gli altri partiti erano nettamente minoritari.

La contesa per la sovranità tra il governo "sovietico" di Lenin e l'assemblea costituente si concluse quando il primo dichiarò sciolta la seconda (perché le elezioni prima della rivoluzione non rispecchiavano la volontà "sovietica" che si era nel frattempo formata, disse Trotzkij; ma Rosa Luxemburg vide in quello scioglimento l'inizio dell'involuzione; e ben presto i bolscevichi mantennero la maggioranza nei soviet solo reprimendo i competitori).

L'arbitrario scioglimento dell'assemblea costituente fu il preludio della guerra civile, implementata anche dalla pace separata con la Germania, alla quale i bolscevichi si dovettero rassegnare dopo avere invano tentato di promuovere una resistenza "rivoluzionaria", sul modello dei giacobini di Danton e in vista della sempre attesa rivoluzione tedesca [24].

---

[24] E la guerra civile russa è appunto la prima occasione di quelle stragi di cui tratta il *Libro nero del comunismo*.

Involontariamente propiziata dai due contrapposti schieramenti, l'Intesa (lord Milner) e gli imperi centrali (generale Ludendorff), la guerra civile russa, dunque, raddoppia i milioni di morti dei quali parlava Lenin [25]; ma rientra ancora nel quadro del primo conflitto mondiale, derivato dai Leviatani e non dalla iniziativa comunista.

Si può anzi affermare che la guerra civile russa è l'espressione ritardata del processo di modernizzazione già avviato dallo zarismo (la Russia era tra le prime cinque potenze mondiali per la cruciale produzione di ghisa e acciaio) e fortemente accelerata dallo stalinismo, processo di modernizzazione che in Occidente era stato promosso dalle rivoluzioni e dalle guerre civili "borghesi" inglese (XVII Secolo) e francese (XVIII Secolo). La differenza sta, ovviamente, nel fatto che la forma istituzionale del Leviatano che avrebbe preso il nome di Urss (Unione delle repubbliche socialiste sovietiche) non sarebbe stata quella della democrazia rappresentativa (potere fondato sul consenso, poliarchia di élite in competizione tra le quali il *demos* sceglie, per usare le espressioni del grande politologo Robert Dahl [26]).

La forma istituzionale dell'Urss sarebbe stata invece – lungi dal riprendere il modello teorico di Lenin di *Stato e rivoluzione* (col progressivo deperimento dello Stato stesso) – una autocrazia con forti radici nella storia russa, «l'incubo del totalitarismo» del citato testo di François Furet.

Le premesse di tale autocrazia vennero poste dallo stesso Lenin nel periodo della guerra civile: dal divieto delle correnti in quello che divenne il partito unico di Stato ("comunista bolscevico"), alla istituzione di una spietata polizia politica (dapprima Ceka e poi, con varie denominazioni, fino al Kgb).

Gravida di conseguenze negative, la guerra civile russa non rappresentò affatto l'inizio di quella guerra civile europea di cui parla Ernst Nolte. La rivoluzione proletaria europea, la

---

[25] Cfr. le tabelle a pagg. 93-94.

[26] Cfr. *La democrazia e i suoi critici* (Editori Riuniti).

conquista del potere da parte dei partiti comunisti occidentali (con implicita possibilità di guerra civile, come in Russia), era certamente nel programma della Terza internazionale (fondata a Mosca nel marzo 1919). Ma quel programma non ebbe neanche un principio di avvio, perché in Occidente mancavano le condizioni per una rivoluzione.

Ancora Furet ricorda il celebre articolo di Zinoviev, primo presidente della Terza internazionale, nel primo numero della sua rivista "l'Internationale Communiste" (primavera 1919):

«Nel momento in cui scriviamo queste righe, la Terza internazionale ha per basi principali tre repubbliche dei Soviet, in Russia, in Ungheria, in Baviera. Ma nessuno si stupirà se nel momento in cui queste righe verranno pubblicate avremo non già tre, ma sei repubbliche dei soviet o più ancora. La vecchia Europa corre a folle velocità verso la rivoluzione proletaria.»

Commenta Furet: «Queste illusioni non durano a lungo». Esatto. Infatti le effimere repubbliche bavarese e ungherese vengono soffocate nel sangue, con qualche fiammata di guerra civile. Qualche fiammata si manifesta anche a Berlino, ma i consigli (soviet) tedeschi degli operai e dei soldati danno il potere non ai comunisti, ma ai socialdemocratici. L'equivalente germanico dei bolscevichi, la "Lega Spartaco", tenta a Berlino un'insurrezione per conquistare il Reichstag, come già il Palazzo d'inverno a Pietroburgo; ma è un tentativo senza alcuna speranza.

Lo sanno bene Karl Liebknecht e Rosa Luxemburg, i due leader del nascente comunismo tedesco, come già lo erano della sinistra della Seconda internazionale, che invano consigliano gli spartachisti di non prendere le armi, ma che resteranno al loro fianco nell'insurrezione fallita, fino a essere uccisi dall'esercito che la reprime, così come avviene a Monaco di Baviera e a Budapest.

Già nel 1919 le prime fiammate di guerra civile sono, dunque, spente senza fatica dalle forze armate "borghesi". E nell'agosto 1920 la sconfitta dell'Armata rossa davanti a Varsavia, mentre a Mosca è in corso il secondo congresso della Terza internazionale, chiude di fatto e quasi simbolicamente la stagione delle illusioni, sulla quale Zinoviev era stato tanto incautamente ottimista quanto era stato pessimista alla vigilia della presa del potere in Russia.

La guerra civile dunque non scoppia, malgrado i programmi e i proclami dell'Internazionale comunista. E dove se ne manifesta qualche prodromo, l'esito è ben diverso da quello previsto a Mosca: questo vale anche e soprattutto per il fascismo italiano.

Il fascismo oltre l'anticomunismo

Il rapporto tra fascismo e comunismo è cruciale nella concezione noltiana. Già il titolo tedesco della prima opera di Nolte, *Il fascismo e la sua epoca* [27], presenta il radicalismo di destra come fenomeno legato a un'epoca specifica, quella della contrapposizione al comunismo. È una impostazione che raggiungerà la completezza nell'analisi della relazione bolscevismo-nazionalsocialismo, dei lager come risposta al modello dei gulag. Ma la realtà è del tutto diversa. I tre movimenti "fascisti" (il fascismo italiano, il nazismo tedesco e l'Action Française) avevano un'autonomia ideologica non riducibile al semplice anticomunismo.

Del nazionalsocialismo si dirà più avanti. La destra francese, che si definiva orgogliosamente "contro-rivoluzionaria" (contro la Francia della rivoluzione) era di gran lunga anteriore alla proclamazione della ipotetica guerra civile comunista contro la società "borghese" (democratica).

George Mosse, nella sua fondamentale opera *Il razzismo in Europa. Dalle origini all'olocausto* (Laterza), scrive:

«Sembra un'ironia, ma anteriormente alla prima guerra mondiale fu la Francia e non la Germania a sembrare più vicina a diventare la sede di un vittorioso movimento razzista e nazionalsocialista. La Germania non aveva un affare Dreyfus o uno scandalo di Panama o

---

[27] La citata traduzione italiana dei "Tre volti" fa riferimento al fascismo, al nazismo, all'Action Française.

una Terza repubblica; in essa era abbastanza comune l'antisemitismo senza il razzismo e quest'ultimo sembra ancora trovare l'ambiente più adatto principalmente nelle discussioni accademiche, nelle consorterie intellettuali (come il circolo wagneriano), nei movimenti eugenetici o in alcune divulgazioni a livello popolare del darwinismo. La prima guerra mondiale e le sue conseguenze rivitalizzarono il razzismo in tutte le sue forme, sia nazionalsocialiste, conservatrici, o semplicemente nazionaliste, sia come scienza o mistero della razza. Tutto ciò non era prevedibile nel 1914, quando una relativa sicurezza e il benessere prevalevano tra le classi medie... Nel 1914 il razzismo sembrò in gran parte essere confinato nelle colonie europee, mentre nella stessa Europa parve aver concluso il suo tempestoso cammino. Fu tuttavia in Europa che pochi decenni più tardi il razzismo sarebbe stato attuato a un livello senza precedenti. La guerra e le rivoluzioni furono gli stimoli potenti che diedero al razzismo la più durevole e orribile applicazione» [28].

È questa la conclusione del decimo capitolo dell'opera di Mosse, dal titolo *La nascita del nazionalsocialismo*, nel quale non si parla del partito di Hitler, ma dei movimenti politici francesi che, dall'Ottocento in poi, si impegnarono a realizzare una sintesi tra socialismo e nazione, con forti connotazioni antisemite e razziste, con una collocazione sostanzialmente di destra, ma con accenti populistici che permisero, per esempio, sia la formazione del "Circolo Proudhon" (confluenza di monarchici e di anarchicheggianti), sia l'avvicinamento tra Sorel e la Action Française.

Se dunque vogliamo parlare, con Ernst Nolte, di un "volto" francese del fascismo, lo troviamo di gran lunga anteriore alla nascita dei partiti comunisti e della loro soltanto annunciata guerra civile. È insomma impossibile considerare il protofascismo francese come una conseguenza o una risposta alla "minaccia comunista".

La documentazione di Mosse è anche una conferma che la vera svolta delle stragi del XX Secolo non va collocata nel 1917, ma nel 1914, l'anno della guerra, prima della quale «non era prevedibile» quello che sarebbe accaduto poi, anche per il

---

[28] Pag. 182.

dilagare del razzismo e dell'antisemitismo, che di quelle stragi sarebbe stata una fortissima componente. Quando Mosse parla de «la guerra e le rivoluzioni» come di «stimoli potenti», colloca i fenomeni nella loro giusta successione logica e cronologica: la guerra è quella scatenata e derivante dalla logica dei Leviatani, e precede; le rivoluzioni seguono: sono quella russa, quella fascista in Italia, quella "nazionale" in Germania, gestita dal partito di Hitler.

È in questo quadro che si colloca il fascismo italiano, che sarebbe riduttivo considerare solo come "anticomunismo", o come conseguenza della guerra civile annunciata dai comunisti.

Una guerriglia civile ebbe effettivamente luogo in Italia tra il marzo 1919 (fondazione dei fasci di combattimento, nello stesso mese di fondazione della Terza internazionale) e l'ottobre 1922 (marcia su Roma), con alcuni postumi successivi (delitto Matteotti). Questa guerriglia civile venne enunciata più che promossa da settori della sinistra del Partito socialista, nel cosiddetto "biennio rosso" (tra il novembre 1918 e il novembre 1920, con la svolta degli scontri per l'insediamento dell'amministrazione socialista a Palazzo d'Accursio, a Bologna); ma venne organizzata e condotta dai fascisti, i soli che avevano uomini e mezzi all'altezza di una sistematica offensiva contro le istituzioni concorrenti (partiti e sindacati).

Il Partito comunista d'Italia sorse nel gennaio 1921 e si organizzò nei mesi successivi, quando la svolta si era ormai verificata, sul piano internazionale (agosto 1920, la citata sconfitta dell'Armata rossa a Varsavia) e su quello interno (l'offensiva squadrista dopo Palazzo d'Accursio: uno dei suoi promotori, Dino Grandi, avrebbe poi detto che il fascismo era nato due volte, una prima a Milano nel marzo 1919, e una seconda a Bologna nel novembre 1920). Non vi era alcuna "minaccia comunista" in Italia, tanto più dopo la scissione del Partito socialista, diviso in due tronconi al momento della marcia su Roma, mentre nelle elezioni del 1921 i comunisti avevano raccolto appena il 4,5 per cento dei voti.

In questa situazione, vedere alla fine del 1922 nel fascismo una risposta alla minaccia comunista o alle ormai cronologicamente remote violenze del biennio rosso, è del tutto anacronistico ed è una interpretazione che infatti non ha avuto larga cittadinanza nella storiografia italiana, impostata sulla valutazione della crisi dello Stato liberale.

È questo il punto di vista da continuare a tenere presente, a dispetto delle recenti suggestioni noltiane. La crisi dello Stato liberale può essere stata accelerata dalle aspirazioni rivoluzionarie del biennio rosso, dai movimenti di massa, dall'occupazione delle terre e delle fabbriche, da slogan popolari del tipo «fare come in Russia»; ma era una crisi pre-esistente anche alla guerra, con l'allargamento del suffragio, con l'entrata sulla scena politica dei cattolici, coi fermenti nazionalisti e con le modalità che caratterizzarono l'intervento del 1915, le giornate del "maggio radioso" durante le quali la piazza si impose al Parlamento, con le esortazioni dannunziane alla violenza e spunti che preparavano il fascismo, nella convergenza tra nazionalismo e settori dell'interventismo democratico e rivoluzionario.

Niente affatto riducibile all'anticomunismo, a una risposta alla inesistente minaccia comunista, il fascismo può essere capito come un fenomeno di circolazione di élite, secondo i criteri della grande scuola italiana di scienza politica: Gaetano Mosca, Vilfredo Pareto, e il tedesco Robert Michels (passato concettualmente dalla sinistra socialista luxemburghiana al mussolinismo, e che venne a insegnare sociologia in Italia). Il classico *Nascita e avvento del fascismo* di Angelo Tasca (ed. Laterza); l'ironico *Elogio di Farinacci*, scritto da Piero Gobetti su "Rivoluzione Liberale" dopo la marcia su Roma, sferzante sui «normalizzatori» del fascismo; e le tesi di Renzo De Felice sul «fascismo movimento» (espressione di ceti emergenti) contrapposto al «fascismo regime», convergono, secondo i criteri della scuola elitista, a fornire un quadro dei capi delle squadre fasciste arrivati al potere e instauratori, tra il 1922 e il 1926, dello Stato che Mussolini definiva orgogliosamente «totalitario».

Tutto ciò non ha niente a che fare con la guerra civile, invano annunciata dalla Terza internazionale. Esauritosi il "biennio rosso", la grande borghesia italiana, la neonata Confindustria (che pure avevano finanziato il fascismo), in convergenza col decisivo contributo dell'agraria padana (mentre anche settori dell'esercito appoggiavano con mezzi logistici le squadre), sarebbero state disposte a lasciare al governo buona parte della vecchia classe dirigente "liberale", con qualche immissione dei capi squadristi.

Ma quella che Mussolini aveva definito, sulle colonne de "Il Popolo d'Italia", «trincerocrazia», la potenziale nuova classe dirigente degli ufficiali combattenti, aveva per slogan «Tutto il potere a tutto il fascismo». Lo stesso Mussolini, alla vigilia della marcia su Roma, propostagli la vice-presidenza del Consiglio nel governo di un vecchio conservatore, replicò: «Non ho fatto tutto quello che ho fatto per Totonno Salandra».

Il totalitarismo fascista, sintesi di fermenti culturali e politici del primo ventennio del secolo, distrusse l'assetto istituzionale del movimento operaio (sindacati, partiti, amministrazioni locali), ma si affermò sullo Stato liberale già in crisi e non contro un comunismo del tutto marginale nel sistema politico italiano.

Quando, nel 1941, Mussolini avrebbe poi affermato: «Non vi sarebbe oggi la marcia su Mosca, se non vi fosse stata ieri la marcia su Roma», costruirà una illusione ottica sulla base di una situazione ben diversa da quella di un ventennio prima – la stessa illusione ottica che sta alla base della erronea storiografia noltiana.

Infatti negli anni Venti non si ebbe affatto una guerra civile europea imposta dai comunisti, anche in conseguenza della quale si affermarono regimi "fascisti" o si sviluppò la resistenza "democratica". Per tutti gli anni Venti l'esempio italiano non ebbe seguito in Europa – con la sola parziale eccezione del marginale Portogallo, che non intacca la sostanza del quadro generale. Esso fu modificato soltanto nel nuovo decennio, come si vedrà, dopo la crisi del 1929.

Quanto ai partiti comunisti, lungi dall'impegnarsi nella promuovenda guerra civile contro i sistemi democratico-borghesi, si logoravano in contrasti interni provocati dalla decisione russa di trasformarli in docili strumenti della politica estera sovietica.

Lampi di guerriglia si manifestarono, all'inizio del decennio, solo in Germania e perlopiù per iniziative della destra ("corpi franchi", *putsch* di Hitler a Monaco), mentre il partito comunista si esauriva dopo la rapida repressione, da parte della Reichswehr, degli effimeri "governi rossi" (socialisti e comunisti) di Turingia e di Sassonia (autunno 1923), ultima presunta occasione rivoluzionaria per la sinistra tedesca, il cui insuccesso determinò il primo scontro al vertice a Mosca, tra gli eredi di Lenin.

Criticando la strategia dell'internazionale in Germania col saggio *Le lezioni dell'ottobre* (l'ottobre russo del 1917, confrontato con l'ottobre tedesco del 1923), Trotzkij aprì quel dibattito sulla strategia mondiale del comunismo che si concluderà con la sua sconfitta e con la vittoria delle tesi stalino-buchariniane del "socialismo in un solo Paese" – l'esatto opposto della dichiarazione della guerra civile mondiale (e infatti l'Urss entrerà a pieno titolo nel ripristinato "concerto delle nazioni").

La storia dei partiti comunisti continentali, marginali negli anni Venti – anche in Francia dove pure la maggioranza del vecchio Partito socialista aveva aderito alla Terza internazionale (congresso di Tours, 1920) – è dunque una storia di logoranti controversie interne, mentre la maggioranza dei lavoratori (nei sindacati) e dell'elettorato (nelle consultazioni) rimaneva fedele a una sinistra sempre più socialdemocratica. Nei Paesi anglo-sassoni i partiti comunisti erano tanto minuscoli da poter essere considerati alla stregua di "frange lunatiche", piccoli gruppi stravaganti di intellettuali, con tra loro qualche sindacalista di punta.

I ruggenti anni Venti, i "roaring Twenties" (come vengono definiti negli Stati Uniti), presentano così in Europa due facce: le tensioni del primo dopoguerra, fino al 1923; e un periodo di stabilizzazione politica e sociale, fino al 1929. In nessuno di questi due periodi il fattore dominante è costituito dall'innesco della guerra civile europea da parte del comunismo internazionale. I proclami rimangono sulla carta, la realtà è costituita dalla scelta di Stalin nell'Urss di concentrarsi su un processo di modernizzazione gravato dal ricorso esasperato alla violenza, ma solo interna (il processo di collettivizzazione agricola, con milioni di vittime, punto di forza del *Libro nero del comunismo*).

In difesa del comunismo, a proposito della strage dei kulaki e della carestia, si può semplicemente dire, mentre la cultura liberal-democratica è generalmente divisa tra l'indifferenza per quanto accade nella "barbara" Russia e l'ammirazione per "l'ingegneria sociale" staliniana, che le prime critiche e le prime denunce delle disastrose conseguenze di quella politica agraria provengono dall'ambito stesso del Partito comunista russo (Bucharin) e dell'Internazionale (l'italiano Tasca).

Questo nel quadro di un bilancio critico della rivoluzione russa nel quale il pensiero di formazione marxista, con personalità come l'esiliato Trotzkij e l'italiano Amadeo Bordiga (il fondatore del Partito comunista d'Italia) mettono a punto, attraverso interpretazioni parzialmente diverse, analisi che ne precorrono di gran lunga altre, sul processo involutivo di un fenomeno che era stato anche una loro "illusione", ma anche il portato della prima realtà descritta (l'elaborazione occidentale e illuminista della "scientificità della politica"; la nascita dei grandi Stati-Leviatani).

Ma paradossalmente proprio il fatto che i milioni di morti siano contadini "russi" limita e circoscrive il significato di guerra civile mondiale di un evento che pure è una delle grandi stragi del secolo, la cui immagine sarà però presto offuscata, anche agli occhi di parte della cultura democratica occidentale, da quella grandiosa del primo (1929) e dei successivi piani quinquennali, che sembrano dimostrare la positività di un'economia in sviluppo, mentre quella "capitalista" appare travagliata da una grave crisi.

Prima degli sviluppi di tale crisi, il "comunismo" appare l'intreccio di due fattori: il pensiero marxista, espressione della cultura occidentale; e il sistema sociale e di potere dell'Urss, collegato al primo dal fatto che esso viene definito nei termini di una interpretazione della storia che Stalin e i suoi collaboratori presentano come marxista-leninista.

Questa la situazione che si presenta alla vigilia dei fatali anni Trenta. Oggi a me pare di poter dire, in difesa del comunismo, che quel collegamento non è rappresentato tanto dai termini ("marxismo", "marxismo-leninismo"), quando da una comune valorizzazione della violenza, ritenuta fattore determinante dello sviluppo storico, «levatrice» o «locomotiva» della storia (per usare espressioni care al filosofo di Treviri).

La violenza, che Marx teorizzava come esperienza storica di una cultura culminata nella rivoluzione scientifica (e che, nell'ambito politico della nascente modernità, trova espressione in Machiavelli e nella «ragion di Stato»), violenza che era stata propria delle "rivoluzioni borghesi", che avrebbe dovuto esserlo di quella "socialista", che era stata il cardine della strategia di Lenin, si traduceva, alla fine degli anni Venti, nelle stragi staliniane. Si può dire, in difesa del comunismo, che di questa interpretazione della storia esso è stato l'erede e non il costruttore.

Per quanto riguarda la fine dei ruggenti anni Venti, il bilancio di allora del "comunismo" è quello di un'esperienza russa con forti legami con la cultura nazionale (Ivan il terribile, Pietro il grande, scarsa considerazione per i diritti individuali e per la vita umana), che ha rinvigorito la vulgata marxista tra settori di intellettualità occidentale (al di là dello scarso peso dei partiti comunisti).

A questo rinvigorimento ha contribuito, come si è detto, l'interpretazione del primo piano quinquennale, a partire dal 1929, come indice di un'economia razionale e in sviluppo, pur dopo le stragi, mentre quella capitalistica attraversava la crisi avviata, in quello stesso 1929, dal 24 ottobre (giovedì nero della Borsa di New York).

Dopo il crollo di Wall Street

Per singolare coincidenza, nel dicembre 1997, mentre come bilancio di ottant'anni di storia dall'ottobre 1917 si promuoveva non l'assordante silenzio, ma l'assordante clamore sui crimini comunisti, la rivista "Storia e Dossier" pubblicava un inserto dedicato a «Wall Street 1929» contenente un saggio di Ferdinando Fasce, americanista dell'università di Bologna. Il saggio comincia con queste parole del grande economista americano John Kenneth Galbraith: «Certi anni, certi poeti e uomini politici e certe belle donne, si distinguono nettamente per fama dai loro simili: il 1929 fu evidentemente un anno del genere. Come il 1066, il 1776 e il 1914, è un anno che tutti ricordano. Uno è entrato all'università prima del 1929 o non era ancora nato nel 1929».

Il 1929 fu dunque un anno epocale. E lo fu anche per una ragione fondamentale: "prima" del 1929, non sarebbe stato possibile il nazismo al potere; "dopo" divenne possibile.

Non fu affatto la risposta alla "guerra civile" comunista che portò al potere il nazionalsocialismo. Fu la crisi della società tedesca, in conseguenza del crollo di Wall Street, furono i sei milioni di disoccupati tedeschi (seguiti ai quindici di disoccupati americani) che consentirono a Hitler di arrivare al cancellierato.

Prima di dimostrare questa realtà, che ovviamente intacca uno dei capisaldi della teoria noltiana della guerra civile mondiale coi comunisti stragisti, occorre premettere alcune valutazioni più generali.

La crisi scoppiata negli Stati Uniti alla fine del 1929 è stata ormai compiutamente analizzata in sede storica. Il lettore italiano ne può trovare una valutazione in *Il grande crollo* (Bollati Boringhieri) del citato Galbraith, mentre una versione particolarmente acuta, per citare un nostro connazionale, è in *Il secolo americano* di Geminello Alvi (Adelphi) [29].

La crisi del 1929, dunque, non fu una crisi generale del capitalismo. Fu, forse, un'indicazione delle sue future prospettive. Venne provocata dal fatto che si crearono premesse psicologiche – da parte di operatori economici, di agenti di cambio, della stampa popolare – per un azionariato di massa e per consumi di massa di beni durevoli (automobili, elettrodomestici) per i quali non esistevano ancora le condizioni materiali, cioè alti redditi permanenti della classe operaia e dei ceti medi. Quando queste condizioni materiali si fossero realizzate – avverrà dopo il secondo conflitto mondiale, negli "affluenti" anni Cinquanta – il capitalismo avrebbe conosciuto una fase di impetuoso sviluppo. Nel 1929 avvenne il contrario: gli acquisti a credito su redditi presunti innescarono un processo che si rivelò devastante.

In tutto ciò il comunismo non c'entrava nulla. Si era di fronte a problemi di un capitalismo ancora immaturo, dopo che Marx lo aveva ritenuto erroneamente maturo già ai suoi tempi (anche se poi cambiò idea), e dopo che Lenin lo aveva ritenuto "all'ultimo stadio" (con la prima guerra mondiale). I comunisti non erano nulla nel 1914 e, fuori dall'Urss, erano ben poca cosa nel 1929. Solo due partiti, il francese e il tedesco, avevano qualche consistenza elettorale (il 10 per cento dei voti nelle consultazioni del 1928). Il partito italiano era in esilio, quello spagnolo insignificante come quello inglese. I lontani cinesi della lunga marcia sarebbero riemersi nel secondo dopoguerra.

Dunque, prima della crisi del 1929, nessun comunista combatteva nessuna guerra civile da nessuna parte. Dopo la crisi,

---

[29] Nuova edizione del saggio precedentemente intitolato *Dall'estremo Occidente*: il nuovo titolo, come il precedente sull'Occidente, sembra riassumere, ben più delle accuse al comunismo, il significato del secolo che finisce.

negli anni Trenta la sinistra nei diversi Paesi, e i comunisti in essa, ebbero un'evoluzione diversa, a conferma della improponibilità di un unico schema.

Prima di affrontare il tema-Germania, è opportuno esaminare quanto accadde in Inghilterra, in Francia e in Spagna, con gli ultimi due Paesi caratterizzati dall'esperienza dei fronti popolari (la nuova strategia delineata dalla Terza internazionale nel suo VII e ultimo congresso, nell'agosto 1935, strategia determinata dalla vittoria di Hitler).

In Inghilterra ha luogo quello che il leader laburista Clement Attlee definisce «il più grande tradimento politico nella storia del movimento socialista inglese» [30]. Ma i comunisti non c'entrano. Non contano. Che cosa è dunque accaduto?

I laburisti avevano vinto le elezioni del maggio 1929. Il loro leader, Ramsey MacDonald, aveva formato il governo. Al manifestarsi della crisi, le misure per fronteggiarla divisero il partito. Il problema maggiore era – come negli Stati Uniti e in Germania – la crescente disoccupazione.

Nel Paese dove l'economista John Maynard Keynes aveva elaborato la teoria del *deficit spending*, dell'aumento della spesa pubblica per creare posti di lavoro, questa impostazione venne sostenuta, al congresso del 1930, dal leader dell'ala sinistra, il giovane sottosegretario Oswald Mosley. Il governo scelse una strada diversa. Nel bilancio per il 1931 la spesa pubblica venne invece ridotta, anche abbassando il sussidio di disoccupazione, e non venne accolta la proposta della sinistra di introdurre una imposta progressiva sui profitti.

Nel febbraio 1931 Mosley uscì dal Labour, fondò il "New Party"; quindi si spostò a destra, fino a costituire la "British Union of Fascist", prendendo a modello Mussolini: una formazione del tutto minoritaria, che ebbe vita breve e travagliata fino allo scoppio della guerra.

Pur dopo la scissione, gli scontri nel Labour si accentuaro-

---

[30] Cfr. Gino Bianco, *L'esperienza laburista tra le due guerre. Tra bolscevismo e fascismo*, La Nuova Italia, pag. XI.

no, fino al "tradimento" di MacDonald, il quale nell'agosto 1931 uscì dal partito coi suoi seguaci per formare un governo coi conservatori e coi liberali di destra; governo che in ottobre indisse le elezioni, dalle quali il Labour uscì duramente sconfitto scendendo da 288 a 46 deputati.

Il nuovo governo MacDonald, detto di unione nazionale, durò fino al giugno del 1935, e venne poi sostituito dal conservatore Stanley Baldwin, che portò i conservatori al potere nelle elezioni del novembre 1935. Il Labour dovrà attendere il dopoguerra per tornare al governo.

In quella che all'epoca era ritenuta la maggior nazione del mondo, la crisi del 1929 provocò, dunque, gravi conseguenze per la sinistra, ma nulla che assomigli neppure lontanamente a una guerra civile tra comunisti inesistenti e fascisti del tutto marginali.

Nell'altra grande potenza europea, la Francia, la situazione presentava caratteristiche diverse. La crisi era inizialmente fronteggiata da un governo radicale, premuto a destra dalle Leghe fasciste, che tentarono di rovesciarlo con una grande manifestazione di piazza, il 6 febbraio 1934: l'occasione della protesta era il dilagare degli scandali finanziari, culminati nel celebre "*affaire* Stavisky".

Il governo resisteva, e la minaccia di destra indusse i comunisti a sostituire la politica di rottura coi socialisti (definiti dalla Terza internazionale "socialfascisti") con una politica di collaborazione, che sfocerà poi nella costituzione del "fronte popolare" esteso ai radicali (il fronte vincerà le elezioni nella primavera del 1936).

La destra perse l'occasione del 1934 perché non disponeva né di un partito unico, né di un leader carismatico, le due caratteristiche che avevano permesso il successo dei fascisti e dei nazionalsocialisti, di Mussolini e di Hitler. Quanto ai comunisti, lungi dall'impegnarsi in una guerra civile con la borghesia, si allearono con la sua parte politicamente meglio organizzata (il Partito radicale), oltre che coi socialisti, il cui leader Leon Blum formò, dopo la vittoria della primavera 1936, un governo che adottò subito misure a vantaggio dei lavoratori (aumenti dei salari e delle ferie).

È di questo periodo il massiccio insediamento dei comunisti nei sindacati e nella società francese, ma con procedimenti del tutto pacifici: dunque nessuna guerra civile, nessuna contrapposizione tra fascismo e bolscevismo.

La guerra civile scoppiò, invece, nello stesso periodo, in Spagna, nel luglio 1936. Ma non furono i comunisti a promuovere la guerra civile. Al contrario: fu la guerra civile a promuovere i comunisti, che erano un partito assolutamente minoritario nel fronte popolare che vinse le elezioni nella primavera del 1936, un fronte guidato dai socialisti e nel quale avevano largo peso formazioni liberali "borghesi", fortemente influenzate dalla massoneria. Il "fronte" era sostenuto dall'esterno anche dal forte movimento anarchico.

La guerra civile spagnola vide effettivamente schierati gli uni contro gli altri comunisti e fascisti, ma in una situazione delle classi del tutto particolare, che non ha nulla a che fare con la guerra civile noltiana dei comunisti contro la democrazia borghese, nella quale diventano protagonisti i fascisti.

Il movimento spagnolo che può essere definito "fascista", la Falange di Josè Antonio Primo De Rivera (il quale verrà fucilato dai governativi allo scoppio del conflitto), non fu protagonista della vita politica spagnola e non fu il promotore del colpo di Stato militare del luglio 1936 che innescò la guerra civile. Il golpe aveva una caratteristica appunto militare, nasceva nell'esercito, e venne appoggiato dalla Falange, che Francisco Franco tollerava perché sostenuta dall'Italia e dalla Germania, i cui aiuti gli erano indispensabili per vincere la guerra; il colpo di Stato fallì in gran parte del Paese, ma innescò la guerra civile. Dopo la vittoria, la Falange avrà un ruolo secondario nella dittatura franchista.

Erano dalla parte di Francisco Franco la Chiesa, i grandi proprietari terrieri e la borghesia cattolica, mentre quella laica, come si è detto, era dalla parte della Repubblica, nella quale i comunisti acquisirono un'influenza via via crescente e poi determinante, in quanto l'Urss e le Brigate internazionali a direzione comunista ebbero un ruolo decisivo nel sostegno militare alla Repubblica.

La storia della guerra civile spagnola è ben nota. Coloro che vi vollero dare un carattere rivoluzionario, antiborghese, non erano i comunisti della Terza internazionale, ma l'ala sinistra degli anarchici e delle formazioni minori, come il Poum (Partido obrero de unidad marxista). Contro costoro, infatti, i comunisti scateneranno una guerra civile nella guerra civile, fino alla sanguinosa repressione del maggio 1937 (con epicentro a Barcellona), durante la quale si contarono tra le molte vittime di sinistra il leader del Poum Andreas Nin e il teorico e militante anarchico Camillo Berneri.

Del resto, anche prima del luglio 1936 i sussulti di guerriglia civile, il "pistolerismo", avevano avuto per protagonisti non già i comunisti, ma la sinistra anarchica, col suo leader più noto, Buenaventura Durruti, ucciso in combattimento (o forse assassinato) subito dopo l'inizio della guerra civile.

Il quadro che si presenta nei maggiori Paesi europei, esclusa la Germania, dopo e in conseguenza della crisi del 1929, è dunque alquanto variegato, ma in nessuno di essi presenta le caratteristiche di una guerra civile dei comunisti contro il resto della società, dalla quale deriva invece l'emergere come protagonisti di partiti e movimenti di tipo fascista.

Negli anni Trenta comunisti e fascisti non contavano nulla in Inghilterra. In Francia e in Spagna i comunisti erano alleati nel fronte popolare con partiti borghesi, a fianco dei quali si proponevano di difendere la democrazia parlamentare contro la minaccia dei fascisti, i cui movimenti vennero marginalizzati (in Francia, dopo il 1936), o assunsero un ruolo politico non già da protagonisti ma da subalterni ai militari (come in Spagna).

È in questo quadro, di *non guerra civile* europea *non promossa* dai comunisti, che vanno collocate le vicende tedesche, le sole che sembrerebbero confermare la visione noltiana [31].

Credo di avere dimostrato come la data d'inizio del 1917 non abbia alcun fondamento. Il 1945 è una data di transizione,

---

[31] A partire dal suo libro più celebre, *Nazionalsocialismo e bolscevismo. La guerra civile europea 1917-1945* (ed. Sansoni).

dopo la quale – secondo Nolte – la guerra civile divenne, da europea, mondiale, sempre a iniziativa comunista. Ma di questo si tratterà più avanti. Ora è necessario fare il punto sul nazionalsocialismo, che neppure in Germania sarebbe divenuto il protagonista della guerra civile in contrapposizione al bolscevismo senza quell'evento cruciale che è stata la crisi iniziata nel 1929 – una crisi del tutto estranea al quadro della contrapposizione noltiana.

L'ora di Hitler

Prima del fatale ottobre 1929 la situazione in Germania non era affatto caratterizzata dalla guerra civile, neppure in forma di rischio potenziale, e nazionalsocialisti e bolscevichi non erano affatto i protagonisti della vita politica tedesca. Qui, come in Italia, quella che si sarebbe manifestata sarebbe stata una crisi delle istituzioni liberal-democratiche, per le quali fino a quell'anno votava l'86 per cento degli elettori.

Tra l'ottobre del 1923, del quale si è detto, e quello del 1929, la Germania conobbe un periodo di assestamento politico e di ripresa economica. Spesso nella vulgata storiografica si mette in relazione la disastrosa inflazione del 1923 con l'ascesa al potere di Hitler, che avvenne dieci anni più tardi. Ma in mezzo vi è un periodo di stabilità, al quale pone fine la grande depressione che comincia nel 1929. Allora il maggior problema diviene non già l'inflazione, bensì la disoccupazione. Quando la crisi si delinea, vi è un governo di coalizione fra socialisti e liberali guidato dai primi, col cancelliere Hermann Müller leader di un partito che alle elezioni del 1928 ha avuto il 30 per cento dei voti, coi comunisti al 10 e i nazisti a meno del 3.

Il partito comunista tedesco, assestato dopo anni di crisi interne, attacca come "socialfascisti" i socialisti alleati dei "borghesi". Da cinque anni Hitler ha annunciato il suo programma nel *Mein Kampf* ("La mia battaglia"). La strategia comunista è il residuo della convinzione leniniana che il capitalismo fosse giunto all'"ultimo stadio" e che, per tener testa alla maturante rivoluzione proletaria, fosse costretto a scegliere soluzioni politiche sempre più autoritarie, sul modello fascista.

Se i socialisti difendono una democrazia borghese che sta diventando fascismo, ecco che possono essere definiti "social-fascisti". Ma si tratta di un totale stravolgimento della realtà: il capitalismo, nonostante la crisi, non è all'ultimo stadio; e nei maggiori Paesi non si affermano – e non si affermeranno – soluzioni autoritarie: si veda quanto si è detto a proposito di Inghilterra e Francia, mentre analogo è e sarà il caso degli Stati Uniti. Ma per quanto errate e anche aberranti, non sono la critica e la propaganda dei comunisti a mettere in difficoltà il governo del cancelliere Müller: sono i contrasti nella coalizione sulle modalità per fronteggiare la crisi, cioè la stessa situazione che ha portato alla scissione nel Labour Party inglese.

Vi è una soluzione teorica proponibile, quella che – come si è visto – prende nome da Keynes. Qualche economista la propone, ma né i liberali né i socialisti la prendono in considerazione. Lo avrebbe fatto Negli Stati Uniti Franklin D. Roosevelt, dopo il 1932. Lo avrebbe, paradossalmente, fatto Hitler, dopo il successo del 1933, su suggerimento del suo ministro dell'Economia, Hjalmar Schacht.

In Germania le tensioni sociali e la disoccupazione danno luogo a sussulti di guerriglia civile, per i quali il partito di Hitler è particolarmente attrezzato con le sue formazioni paramilitari (Sa, Ss; di formazioni paramilitari, comunque, dispongono anche comunisti e socialisti). Ma l'affermazione del partito nazionalsocialista è dovuta soprattutto ai successi elettorali.

La principale conseguenza della crisi è infatti la dislocazione dell'elettorato tedesco in favore dei partiti che – secondo la terminologia di Giovanni Sartori – si possono definire "antisistema"; e soprattutto in favore del partito nazista, oltre che del partito comunista. Si è visto che, nel 1928, questi due partiti erano, insieme, attorno al 13 per cento dei voti. Nel primo anno della crisi, il 1930, i nazionalsocialisti compiono un balzo da meno del 3 al 18 per cento, mentre i comunisti registrano un progresso molto minore, dal 10 al 13. Complessivamente le due forze antisistema sono comunque al di sotto del terzo dei suffragi (31 per cento); e il sistema di Weimar potrebbe quindi contare su un consenso diffuso.

La situazione si capovolge nelle due elezioni del luglio e del settembre 1932 (tre elezioni in un biennio sono, ovviamente, il portato della instabilità politica, conseguenza della crisi economica). Nella prima i nazisti arrivano al massimo storico prima del cancellierato di Hitler: 37 per cento; i comunisti progrediscono ancora lievemente, e giungono al 14. Ma a questo punto i partiti antisistema rappresentano la maggioranza, sia pure di misura, dell'elettorato.

Quattro mesi dopo si ha una flessione nazionalsocialista (33 per cento), mentre i comunisti toccano il loro massimo storico col 17: metà degli elettori sono comunque su posizioni antisistema. Fallita ogni altra combinazione, il 30 gennaio 1933 Hitler riceve l'incarico di cancelliere, alla guida di una coalizione di centro-destra.

L'ascesa hitleriana al potere è la paradossale premessa al trionfo del comunismo su scala europea nel 1945, e realizza quella che nel 1933 era stata un'illusione dei comunisti: la tesi secondo la quale anche Hitler sarebbe durato poco, come gli altri governi che l'avevano preceduto, aprendo la strada a una ulteriore espansione del partito comunista.

Hitler invece durò: fino al punto da provocare la guerra, da invadere l'Urss – il che gli costò la sconfitta. E l'Unione Sovietica vittoriosa portò il comunismo nell'Europa dell'Est, mentre la rivoluzione cinese e le guerre di decolonizzazione ne fecero un fenomeno mondiale.

Senza il nazismo, la guerra, le vittorie sovietiche davanti a Mosca nel dicembre 1941, a Stalingrado nel gennaio 1943, fino alla conquista di Berlino, il comunismo sarebbe rimasto un fenomeno limitato, di modernizzazione forzata della Russia, sul modello di Pietro il grande, coi partiti comunisti marginali in un'Europa non sconvolta dalla seconda guerra mondiale. Le stragi comuniste di massa si sarebbero concluse con gli ultimi processi del 1938.

Poiché dunque, paradossalmente, Hitler al potere nel 1933 è un passaggio obbligato della mondializzazione del comunismo, della guerra civile europea e mondiale; e poiché questa impostazione di Ernst Nolte si collega, contrappositivamente, alla storiografia di sinistra sul nazismo, è utile riflettere su alcune principali questioni.

La prima: se il Terzo Reich sia stato lo sbocco naturale di una storia tedesca che può essere fatta risalire a Lutero, se non addirittura a Arminio (che sconfisse le legioni di Varo). La seconda: se il nazionalsocialismo sia stato uno dei "fascismi storici", che si sono affermati in Europa tra le due guerre, oppure se tra questi fascismi – peraltro diversi fra loro – il nazismo abbia avuto caratteristiche particolari. La terza: se Hitler abbia avuto un ruolo di tale portata che, senza la sua personalità, il fenomeno avrebbe assunto modalità alquanto diverse.

L'ipotesi più ragionevole da prendere in considerazione è quella secondo la quale la debolezza del pensiero e delle istituzioni liberal-democratiche in Germania (oggetto, per citare un grande, delle riflessioni di Max Weber) aumentavano le possibilità di uno sbocco autoritario della crisi della repubblica di Weimar, provocata – va ribadito – non dai nazisti né dai comunisti, bensì dalla crisi del 1929. Che tuttavia questo sbocco autoritario dovesse consistere nella forma specifica del Terzo Reich hitleriano, non è da considerarsi un risultato quasi necessitato dall'intera storia della Germania.

Si suole dire che la storia non si fa con i "se": quanto è accaduto è necessitato, ogni soluzione alternativa è impossibile, per cui il lavoro dello storico dovrebbe consistere nella registrazione più ampia possibile della catena di eventi che hanno condotto a quell'unico e inevitabile sbocco. L'affermazione che la storia non si fa con i "se", la concezione di eventi determinati dalla stessa sequenza logica di quelli naturali, è il derivato della fisica meccanicistica newtoniana, con la sua rigida consequenzialità del principio causa-effetto. Ma oggi che la fisica è più avanzata – dopo Einstein, Bohr e Heisemberg, viene definita quanto-probabilistica (meccanica dei quanti più principio di indeterminazione) – il concetto di probabilità può agevolare anche il lavoro dello storico.

La storiografia, come tutte le scienze sociali, ha costruito le sue categorie con la grande aspirazione di avvicinare il più possibile il modello delle discipline-guida della rivoluzione scientifica del XVII Secolo, in primo luogo la fisica nella versione newtoniana. Oggi il perseguimento dello stesso modello significa tenere conto della fisica più avanzata, di quella quantistica, che individua non le leggi di quello che necessariamente accadrà, ma le leggi di quello che potrebbe accadere: la probabilità in luogo della necessità.

Allora il problema qui affrontato può essere posto in questi termini: i precedenti della storia tedesca e la situazione dell'Europa dei fascismi storici, tra gli anni Venti e Trenta, rendeva probabile, come si è detto, uno sbocco autoritario della crisi della Germania di Weimar.

Ma in questo sbocco il regime nazista era una eventualità che si collocava accanto ad altre possibilità, per esempio: 1) una utilizzazione in senso autoritario della stessa costituzione di Weimar, con qualche ritocco, come suggerito da Carl Schmitt; 2) una restaurazione monarchica, peraltro ventilata negli anni della crisi; 3) il cancellierato di un generale della Reichswehr, il quale contasse più sul prestigio dell'istituzione militare che sulla omogeneità della maggioranza parlamentare.

Tentativi in questa direzione vennero effettivamente esperiti: col cancellierato di Heinrich Brüning (1930), che governava per decreti legge; e con quello del generale Kurt von Schleicher, immediatamente prima dell'avvento di Hitler. Non prevalse nessuna di queste soluzioni, ipoteticamente configurabili. Si affermò invece il nazionalsocialismo che pure, a conferma della caratteristica probabilistica dell'evento, non ottenne la maggioranza assoluta dei voti, ma solo il 44 per cento, nelle elezioni del marzo 1933, quando Hitler era già cancelliere e pur dopo l'incendio del Reichstag (che giocò molto in favore del partito della svastica).

La maggioranza dei tedeschi, dunque, non votò per Hitler, finché la competizione era aperta, pur se, nell'ultimo caso, solo relativamente. E sulla base di questa impostazione, credo che il compito dello storico sia quello di individuare le varianti specifiche che fecero prevalere, sulle altre possibili, la soluzione nazionalsocialista.

I due fattori da prendere maggiormente in considerazione sono la già citata ampiezza dei successi elettorali, e la compattezza della élite nazionalsocialista attorno a Hitler (che fece fallire ogni tentativo di dividere il partito, ultimo quello del cancellierato von Schleicher). Le élite concorrenti erano invece divise. Nel tenere unita l'élite nazista il ruolo personale di Hitler può essere paragonato a quello citato di Lenin nel 1917 russo.

Su questo secondo fattore può avere influito la formazione

para-esoterica di personalità di primo piano del vertice nazista (oltre allo stesso Hitler: Hess, Himmler, Rosemberg, Frank, Darré, Haushofer, Röhm, il capo delle Sa fino alla sua liquidazione, il 30 giugno 1934) [32].

Per quanto riguarda il primo fattore – il consenso elettorale – si può ritenere che l'anticomunismo abbia avuto un ruolo determinante, nel senso che gli elettori abbiano votato per il nazionalsocialismo perché era l'avversario più coerente e più combattivo dei comunisti, temuti competitori per la conquista del potere? L'anticomunismo era certo basilare nella concezione e nella propaganda nazista (salvo sporadiche convergenze coi comunisti, come nel referendum contro il governo socialdemocratico di Prussia). Ma è dubbio che gli elettori tedeschi, nel 1932, pensassero che i comunisti potessero davvero conquistare il potere (con meno di un quinto dei voti e con un apparato paramilitare alquanto più debole di quello nazista). In ogni caso, l'anticomunismo nazionalsocialista era solo parte di un programma più ampio, che andava dalla revisione del trattato di Versailles, alla promessa di combattere la disoccupazione, all'antisemitismo, a connotazioni populistiche verbalmente anticapitaliste e antiborghesi.

In conclusione, Hitler ottenne un largo consenso soprattutto perché prometteva di saper fare meglio di altri per fronteggiare la crisi economica, e non perché garantiva di essere più efficace nel combattere i comunisti. Vi è, a questo proposito, un elemento che gli storici forse non hanno valutato in adeguata misura: diversamente dalle squadre fasciste, l'apparato paramilitare nazionalsocialista non venne usato sistematicamente per distruggere le strutture organizzative degli avversari politici, della sinistra in primo luogo.

Mussolini prese il potere dopo che i fascisti avevano distrutto camere del lavoro e sedi dei partiti del movimento operaio, oltre che di altre formazioni politiche. Questo non avvenne in

---

[32] Rimando, per questo aspetto, in genere trascurato dagli storici, al citato *Hitler e il nazismo magico. Le componenti esoteriche del Reich millenario* (Rizzoli).

Germania. Vi si combatteva – si è detto – una guerriglia domenicale, non priva di vittime. Le sfilate delle Sa – anche in quartieri "rossi" e davanti a sedi comuniste – erano una prova della forza e della combattività dei nazisti. Ma l'apparato organizzativo dei partiti concorrenti e dei meglio attrezzati fra essi (della sinistra, comunisti compresi) rimaneva intatto. La sua liquidazione fu posteriore e non (come in Italia) anteriore alla conquista dell'apparato statale.

Basilare nell'impostazione nazista, l'anticomunismo non sembra dunque aver avuto, per attrarre consensi alla svastica, il ruolo dominante, se non esclusivo, che gli viene attribuito dalla storiografia comunista, e anche – per contrapposizione – da quella noltiana. A quest'ultima occorre tornare per valutare se Hitler al potere abbia rappresentato un momento della guerra civile europea bandita dai comunisti. Si può partire dal giudizio di Furet sullo storico tedesco (col quale ha poi collaborato nel libro citato), e che è parte essenziale di quella valutazione del comunismo quale maggior protagonista negativo del XX Secolo.

In principio fu il gulag?

Nella sua nota opera *Il passato di un'illusione*, lo storico François Furet scrive:

«Si capisce come e per quale ragione i libri di Nolte abbiano scandalizzato le generazioni del dopoguerra. Lo storico, se le imita, si preclude le possibilità di considerare il terrore sovietico come uno degli elementi fondamentali della popolarità del fascismo e del nazismo negli anni Venti e Trenta. Dovrebbe ignorare quello che l'avvento di Hitler al potere deve all'anteriorità della vittoria bolscevica e al contromodello della violenza pura elevato da Lenin a sistema di governo; e per finire all'ossessione cominterniana di estendere alla Germania la rivoluzione comunista. In realtà il veto posto su questo tipo di considerazioni impedisce di fare la storia del fascismo. Precludendo la critica al comunismo, questo tipo di antifascismo storiografico blocca anche la comprensione del fascismo. Nolte fra gli altri meriti ha avuto anche quello di rompere un tabù. La cosa triste è che nella polemica degli [recte: *con* gli] storici tedeschi sul nazismo egli ha indebolito la propria interpretazione, esagerando la propria tesi: ha voluto fare degli ebrei gli avversari organizzati di Hitler, in quanto alleati dei suoi nemici. Nolte continua a pensare che la soppressione da parte dei bolscevichi dei borghesi in quanto classe ha indicato la strada e che il Gulag viene prima di Auschwitz. [Ma l'esagerazione] non potrebbe screditare un'opera e un'interpretazione fra le più profonde che questa seconda metà del secolo abbia prodotto» [33].

---

[33] Pag. 579.

Questa interpretazione oggi non scandalizza più, e lo sterminio da parte di Lenin della borghesia russa viene presentato come la prima e originaria causa di tutti i drammi del secolo. Il gulag sarebbe stato non solo il precedente di Auschwitz, la ragione dei fascismi degli anni Venti e Trenta, ma la chiave inter pretativa di tutta la storia del XX Secolo, senza la quale sarebbe impossibile capire lo stesso fascismo.

Ma questo schema è semplicistico. Nel suo libro, anche Furet evidenzia la crucialità del primo conflitto mondiale. Ma non mettendolo in relazione con la nascita e il funzionamento degli Stati-Leviatani, e della ragion di Stato, emargina un tema di fondo e lascia in primo piano solo la contrapposizione comunismo-fascismo.

Negli anni Venti, e fino all'avvento di Hitler, il peso di tale contrapposizione è invece ridotto. Solo in Portogallo, dove non vi sono comunisti, si tenta di imitare Mussolini. In Cecoslovacchia vi è un forte partito comunista, ma non si sviluppa nessun movimento fascista. Mussolini trova un imitatore in Dolfuss, in Austria, il quale non può sconfiggere gli inesistenti comunisti e mette fuori legge la socialdemocrazia.

In Ungheria, dopo l'effimera Repubblica dei consigli, un regime autoritario mette al bando i comunisti, che erano giunti al potere, ma un regime simile si instaura in Romania, dove i comunisti sono del tutto marginali. E a Budapest come a Bucarest questi regimi autoritari emarginano e perseguitano anche i movimenti di modello fascista: la Legione dell'Arcangelo Michele e la sua struttura militare, la Guardia di ferro, di Cornelio Codreanu in Romania, e le Croci frecciate di Ferenc Szilagy in Ungheria. Entrambi questi movimenti giungeranno al potere non già per combattere i comunisti, ma protetti dalla Germania in guerra, come espressione del nuovo ordine hitleriano: la Legione una prima volta nel 1940 (poi liquidata dal generale Antonescu), e una seconda nel 1944; le Croci frecciate nello stesso 1944, e in ambedue le situazioni dopo la capitolazione dei rispettivi governi di fronte all'Urss.

Ci troviamo dunque, negli anni Venti e Trenta, di fronte a situazioni nazionali diversificate e non riducibili alla popolarità dei fascismi storici in conseguenza dello sterminio della borghesia russa da parte di Lenin.

Di questa Hitler non è affatto il vindice. Nel *Mein Kampf* dimostra chiaramente il proprio disprezzo per gli slavi "razza inferiore", borghesi, operai o contadini che siano. Muterà in parte opinione dopo le sconfitte che subirà all'Est, ma quando vince tratta con tanta durezza le popolazioni dei territori occupati che si preclude ogni possibilità di collaborazione, soprattutto in Ucraina. Un'armata russa anticomunista alleata dei nazisti si costituirà comunque, agli ordini del generale Andrej Vlasov e sotto la protezione di Alfred Rosemberg, il filosofo del nazionalsocialismo, ministro per i territori russi occupati.

Hitler considerava l'area russa come indispensabile spazio vitale (*Liebensraum*) per la Germania, qualunque fosse il suo tipo di governo, anche se vi fosse stato restaurato lo zarismo. E non costruisce Auschwitz perché Stalin ha costruito i gulag: l'antisemitismo nazionalsocialista è basilare nella concezione del movimento, si inserisce nella storia del razzismo e dell'antisemitismo europeo [34].

Se vogliamo trovare un valore simbolico nelle tragiche vicende che sfociano nei gulag e nei lager, può essere ricordato che i primi campi di concentramento (senza sterminio) per la popolazione civile vennero costruiti dagli inglesi alle soglie del XX Secolo (del quale saranno una caratteristica) durante la guerra anglo-boera in Sudafrica. Questi campi non erano certamente tragici come i successivi, ma è appunto un fatto simbolico che sorgano in un'area culturale liberal-democratica, a opera del Paese che nel XVII Secolo aveva dato luogo alla rivoluzione scientifica e a quella contrattualistica, dalle quali erano nati gli Stati-Leviatani.

Gli anni tra le due guerre, dunque, in realtà sono gli anni di un'unica guerra, la seconda dei trent'anni, protagonisti della quale sono ancora gli Stati-Leviatani, e i fascisti, i nazisti e i comunisti in quanto detentori del potere in alcuni di questi Stati. Si può concordare con Nolte su una sorta di guerra civile che dalla scala europea si propaga a quella mondiale, se tra gli Stati-Leviatani che combattono a quest'ultimo livello aggiungiamo il Giappone, che già in guerra con la Russia all'i-

---

[34] Si veda il citato testo di Mosse.

nizio del secolo ha influito sulla prima rivoluzione del 1905.

La seconda guerra dei trent'anni conosce una tregua di breve periodo dopo le guerriglie europee (fascismo compreso) fino al 1923: riprende con la crisi del 1929, con la conquista della Manciuria, appunto da parte del Giappone, cui seguono la guerra italo-etiopica (1935-36), quella civile spagnola (della quale si è detto); nel 1937 il Giappone invade la Cina; e infine si ha il secondo conflitto mondiale – non imputabile al comunismo, e soltanto dopo il quale il comunismo diverrà fenomeno mondiale – che scoppia nel 1939.

E quanto alla «ossessione cominterniana di estendere alla Germania la rivoluzione comunista» (Furet), già si è detto che, quali che fossero le intenzioni di Mosca, i comunisti tedeschi non avevano né la forza né il consenso necessari per contendere ai nazionalsocialisti la conquista del potere.

Dopo che Hitler ebbe messo fuori legge il partito comunista e ne ebbe completamente distrutta l'organizzazione, instaurando uno Stato totalitario che rendeva impossibile ogni attività clandestina e ogni futura possibilità di rivincita, la strategia della Terza internazionale subì, comunque, una radicale modificazione.

A partire dai già citati eventi francesi del 1934 e col congresso dell'agosto 1935, si rinunciò alla denuncia della democrazia borghese e alla lotta contro i "socialfascisti", per una strategia antifascista intesa soprattutto come contrapposizione alla Germania hitleriana. I comunisti non propugnano più una sia pur potenziale guerra civile contro i borghesi e non perseguono lo sradicamento dei socialdemocratici dalla classe operaia (obiettivi, peraltro, irrealizzati e irrealizzabili), ma progettano e attuano i fronti popolari. Il loro scopo è principalmente quello di evitare che altre forze di destra conquistino il potere in Europa, favorendo la Germania nel suo progetto di espansione all'Est (chiaramente enunciato nel *Mein Kampf*): questa è la principale preoccupazione dell'Urss.

Come si è visto, i fronti popolari ottengono successi elettorali in Francia e Spagna. La guerra civile non è affatto una caratteristica della politica europea tra il 1934 e il 1939, contraddistinta, invece, dalla preparazione della seconda guerra mondiale. Che essa sia la continuazione della prima, la fase ulteriore di una nuova guerra dei trent'anni (1915-1945) e quindi un prodotto dell'assetto politico internazionale fondato sugli Stati-Leviatani, già è stato precisato. Ma questa fase specifica va messa in relazione a quel determinato prodotto storico che è la Germania nazionalsocialista.

Verso la guerra

Comune è il consenso della storiografia (mi pare che neppure Nolte lo contesti) intorno al concetto che Hitler sia sempre stato sottovalutato, dai suoi competitori interni così come dalle diplomazie europee.

Come rileva anche Furet, il leader nazionalsocialista aveva chiaramente enunciato il suo programma nel *Mein Kampf*, già diffuso a metà degli anni Venti: vi si delineava tutta la strategia che lo avrebbe portato al potere a Berlino nel 1933 e alle porte di Mosca nel 1941. Questo programma venne ritenuto una semplice impostazione propagandistica. Gli altri partiti del centro e della destra tedesca ritennero di poter usare e imbrigliare Hitler per sconfiggere la sinistra, salvo poi contenerne le aspirazioni nei limiti di un normale potere dei partiti. Il führer instaurò invece lo Stato totalitario.

Ma quello hitleriano non fu un mero uso della forza. Ampliò il suo consenso, che divenne plebiscitario, grazie alla già citata politica economica di tipo keynesiano (ampliamento della spesa statale, per grandi lavori pubblici prima e per investimenti nel riarmo accelerato poi), attraverso la quale mise rapidamente fine alla disoccupazione. Ampliò il suo consenso anche grazie a una politica estera inizialmente fondata sulla riparazione delle "ingiustizie" di Versailles, cioè dell'assegnazione ad altri Paesi di territori e di popolazioni tedesche (Saar, Sudeti, annessione dell'Austria con un ampio consenso degli stessi austriaci).

Proprio Keynes, come esperto della delegazione inglese nelle trattative per la pace di Versailles, aveva messo in guardia contro i pericoli di una pace punitiva nei confronti della Germania. E anche Furet evidenzia come la stessa volontà punitiva, manifestata dal primo ministro francese dell'epoca, Georges Clemenceau, si rivelò un fattore favorevole alla futura propaganda nazionalsocialista.

Ma gli obiettivi hitleriani andavano ben al di là della soluzione dei problemi economici tedeschi e della revisione del Trattato di Versailles. La concezione razziale, basilare nel programma nazista, implicava un progetto trans-politico, la costruzione di un grande spazio eurasiatico come base per la rigenerazione della società ariana [35]. Questo progetto comportava comunque la distruzione della Russia come grande potenza, la sua trasformazione in un'area di sfruttamento delle risorse e del lavoro degli slavi – razza inferiore – a opera di una rinnovata «aristocrazia del sangue e del suolo» germanica, per usare l'espressione del titolo del libro di Walther Darré, il ministro dell'Agricoltura di Hitler, ammiratore di Rudolf Steiner ma anche razzista estremista (il quale pensava di applicare agli uomini i metodi della selezione dei purosangue appresi nella sua professione di allevatore di cavalli).

Questo aspetto della situazione dei secondi anni Trenta va tenuto costantemente presente, anche se essi sono gli anni nei quali Stalin liquida, coi processi di Mosca, la vecchia guardia leninista e il vertice dell'Armata rossa, e mentre in tutto il Paese manda a morte e nei campi di concentramento quell'elevato numero di cittadini sovietici che costituisce uno degli atti d'accusa del *Libro nero del comunismo*.

Ho sempre trovato di grande interesse la sorta di correlazione fra questi tragici eventi e la "caccia alle streghe", insieme di processi manipolati con la tortura e di sterminio di massa, al quale ho accennato, che hanno devastato l'Europa tra la metà del XV e la metà del XVII Secolo. La relazione fra Hitler e Stalin, fra il lager e il gulag, può quindi assumere un significato più ampio della correlazione stabilita da Nolte: può collegarsi a depositi ancestrali della storia europea. Ma anche, con-

---

[35] Sul tema rimando al già citato *Hitler e il nazismo magico*.

cretamente, nella specifica situazione della seconda metà degli anni Trenta: non si può non tenere conto di quanto avviene altrove, nell'Europa occidentale come negli Stati Uniti.

Questi ultimi instaurano regolari relazioni col governo sovietico; Roosevelt assegna l'ambasciata di Mosca a un suo uomo di fiducia, Joseph Davies, che pubblicherà addirittura un libro per sostenere la piena legittimità dei processi che, come si è detto, liquidano la vecchia guardia leninista con l'assurda accusa di essere sempre stata una banda di spie al servizio della Germania e del Giappone.

Francia e Inghilterra, a loro volta, trattano con l'Urss (ammessa a pieno titolo nel concerto delle nazioni) la politica detta della "sicurezza collettiva" e volta a contenere la politica espansionistica degli Stati fascisti. Fino alla vigilia della conclusione del patto di non aggressione (e poi di amicizia) germano-sovietico (agosto 1939), delegazioni inglesi e francesi a Mosca trattano – sia pure con una lentezza che suscita la diffidenza sovietica – accordi militari i quali comporterebbero una stretta collaborazione in caso di aggressione hitleriana alla Polonia.

Questo sotto il profilo diplomatico, in un contesto che sul piano storico è stato approfondito nei dettagli, per verificare se e in quali circostanze – per esempio anche nella crisi dei Sudeti, che si concluse con gli accordi di Monaco, settembre 1938 – sarebbe stata possibile una collaborazione anglo-franco-sovietica, contro Hitler e a difesa della Cecoslovacchia (ed eventualmente anche della Romania).

In questa sede è impossibile entrare in tali dettagli. Si può cogliere il significato essenziale di queste vicende dei secondi anni Trenta: la logica degli Stati-Leviatani prevale sul dramma della guerra civile europea, lo Stalin dei gulag e l'Hitler dei lager sono ritenuti parte di questa logica, la diplomazia occidentale, dei Paesi liberal-democratici, oscilla tra il timore del rivendicazionismo italo-tedesco (e per frenarlo non esclude, anzi tenta, intese con Stalin) e la possibilità che l'espansionismo nazista percorra (e sarebbe un bene) le strade del *Drang nach Osten*, della marcia all'Est, che eviterebbe rischi all'Occidente e metterebbe in difficoltà un Paese che, comunque, si richiama al comunismo.

Mentre questo avviene sul piano diplomatico, su quello culturale l'intelligenza occidentale è fondamentalmente divisa tra quella progressista, che vede nell'Urss il Paese della "costruzione del socialismo", magari erede e continuatore della rivoluzione francese (e su questo è ben documentato il libro di Furet); e quella conservatrice, disponibile a giustificare anche un'intesa con Hitler per fronteggiare quello che ritiene il sempre attuale pericolo comunista e che trova espressione in coloro che coniano, in Francia, lo slogan «Meglio Hitler del fronte popolare».

Il quadro politico, diplomatico e culturale è quindi molto variegato, e il grande affresco noltiano della "guerra civile europea", con bolscevichi e nazionalsocialisti quasi unici protagonisti, pur valido per molti aspetti, altri ne trascura; e non semplici sfumature, ma aspetti di una impostazione che coinvolge l'Occidente liberal-democratico in sequenze di eventi che non possono essere ridotti al succedersi dei crimini comunisti.

Hitler prepara la Germania alla guerra del *Drang nach Osten* e Stalin la teme; teme anche che il "fronte interno" della Russia sovietica, coi contadini soprattutto ucraini stremati dagli eccidi e dalle carestia (terribile quella del 1932), possa cedere, come già quello della Russia zarista: anche da questo deriva il rafforzamento dello Stato di polizia.

La guerra che si prepara, fortemente ideologica, è comunque sempre una guerra tra Stati e non di classe. È un grande Stato – la Germania – che il nazionalsocialismo utilizza come piattaforma per il suo progetto di ricostruzione del *Lebensraum* della etnia ariana; ed è un grande Stato, il cui ruolo è ribadito dalla teoria del "socialismo in un solo Paese", che Stalin organizza anche riproponendo la tradizione della "grande Russia" (nella propaganda, nelle gerarchie civili, nelle divise militari), e che si prefigge di attrezzare per far fronte a un conflitto tanto più possibile e forse imminente già da quando Hitler è al potere.

Per il führer la guerra è una prospettiva certa come fatto, incerta solo nel tempo. Una prospettiva chiara nel *Mein Kampf*, ribadita nei rapporti agli alti ufficiali della forte Wehrmacht che prende il posto della debole Reichswehr del trattato di Versailles. La data ipotizzata come più probabile è il 1942. Le tappe sono indicate e puntualmente realizzate: dal ripristino del servizio militare obbligatorio (1935), alla rimilitarizzazione della Renania (1936), all'annessione dell'Austria e dei Sudeti (1938), allo smembramento della Cecoslovacchia (1939) con la costituzione del protettorato di Boemia e Moravia e la trasformazione della Slovacchia in Stato satellite. La data della guerra – concepita soprattutto come guerra di espansione all'Est – dipende dal comportamento dell'Inghilterra, "sorella ariana" con la quale il Reich tenta una possibile intesa mondiale (come quella, si è visto, già auspicata dal Kaiser, ma con un più spiccato contenuto razziale).

Una componente minoritaria del vertice esoterico nazista, che fa capo al generale Karl Haushofer, teorico della geopolitica (Rudolf Hess, all'inizio della sua carriera, era stato assistente del generale), non esclude l'alternativa di una intesa con la Russia, suggerendo la geopolitica di controllare il «cuore del mondo» (l'Eurasia) per competere col grande impero marittimo britannico. Ma Hitler, che pure apprezza la geopolitica e ammira Haushofer (il quale lo ha aiutato per alcune parti del *Mein Kampf*) ha un'altra impostazione: vede nella Russia una delle due branche della "tenaglia giudaica" per il dominio mondiale, essendo l'altra branca il capitalismo "ebraico" occidentale (eco dei famigerati *Protocolli dei saggi di Sion*, un falso reputato vero dai teorici nazisti).

Il «cuore del mondo» va certamente acquisito, ma sottomettendo la Russia (gli "slavi inferiori" dominati da "ebrei comunisti") e non cercando un'intesa con essa. Hitler muterà parzialmente e temporaneamente opinione dopo lo sterminio della vecchia guardia leninista (1936-38), da lui interpretato come un tentativo dei nazionalisti russi (guidati da Stalin) di sottrarsi al dominio della "cricca" ebraica: con questa tesi giustificherà il patto germano-sovietico, anche in una celebre lettera all'esterrefatto Mussolini.

Ma per conquistare il «cuore del mondo», e nello stesso tempo per evitare una guerra sui due fronti, fatale alla Germania nel 1914-18 (un errore che Hitler, sempre nel *Mein Kampf*, aveva solennemente annunciato di voler evitare nel futuro), occorreva un'intesa con l'Inghilterra (la Francia, decadente, era ritenuta un'entità trascurabile).

Per il führer anche l'Inghilterra era dominata dalla finanza ebraica, rappresentata politicamente da Churchill. Ma forse la monarchia e l'aristocrazia britanniche avrebbero potuto infrangere quel dominio, forti di una recuperata tradizione "ariana" e "imperiale" (forse tenuta viva da sette esoteriche e occultiste).

Senza questo retroterra culturale – per quanto stravagante possa essere ritenuto – della politica estera nazionalsocialista, e per il quale la conquista del potere a Mosca da parte dei comunisti è una variante del "complotto ebraico", è assai difficile comprendere la politica estera tedesca fino al 1941.

Secondo i nazisti, vi erano dunque due possibilità per evitare l'intervento inglese quando fosse partito il *Drang nach Osten*: o la Gran Bretagna, pur dominata dagli ebrei e anche per questo, era ormai entrata in un periodo di decadenza e quindi non era più all'altezza di far fronte alle sfide; oppure avrebbe ancora avuto un sussulto di orgoglio razziale e imperiale, che l'avrebbe sottratta al progetto ebraico di farne uno strumento di guerra contro una Germania ripropositrice della supremazia ariana.

La prima possibilità divenne per Hitler quasi una certezza, dopo che Chamberlain aveva accettato a Monaco tutte le pretese del führer (settembre 1938); avallata dal ministro degli Esteri Joachim von Ribbentrop (già ambasciatore a Londra), la tesi di una Inghilterra altrettanto decadente della Francia prevalse alla cancelleria di Berlino e fu decisiva nel determinare la sequenza di eventi che portò alla guerra, anticipata al 1939.

Vediamo ora come Stalin meditasse di evitarla, perché – lungi dal vedervi un'occasione di espansione del comunismo – ne temeva un rischio di sopravvivenza per la stessa Unione Sovietica, che aveva avviato una industrializzazione accelerata ma subiva le conseguenze della crisi agricola (ancora nel 1934 il pane era razionato) e poteva non essere in grado di fronteggiare un attacco della Germania e dei suoi possibili alleati minori (compresa la Polonia, che prima di essere aggredita da Hitler nel 1939 ne aveva avuto, con la stipulazione di un patto di non aggressione, l'offerta di partecipare al *Drang nach Osten*, e aveva acquisito territori cechi).

Stalin vedeva in Hitler semplicemente un rappresentante del capitalismo tedesco, di un capitalismo che avrebbe potuto trovare una intesa con quelli inglese e francese, per riprendere quell'intervento congiunto dei "Paesi capitalisti" che nel 1919-21 aveva messo in pericolo la neonata Repubblica dei Soviet. Se i Paesi capitalisti avevano un interesse comune a combattere l'Urss "socialista", d'altro canto avevano ragioni di competizione fra loro, nella fase imperialistica di leniniana memoria. Soprattutto la Francia temeva la volontà di rivincita della Germania, particolarmente ora che Hitler era al potere. L'Urss poteva giocare su queste rivalità e su questi timori.

Da qui la politica estera sovietica della "sicurezza collettiva", in chiave "antifascista", cioè contro l'espansionismo degli Stati "totalitari" di destra. Da qui i patti di mutua assistenza con la Francia a metà anni Trenta e i progetti di una più ampia intesa, comprendente l'Inghilterra, con trattative a livello di delegazioni militari, che come si è detto si protrassero fino alla vigilia del patto Hitler-Stalin (agosto 1939).

A tale patto si giunse anche perché Stalin era arrivato, per altre ragioni, a conclusioni analoghe a quelle di Hitler, soprattutto dopo Monaco. La politica della sicurezza collettiva stava fallendo, perché Francia e Inghilterra non avevano alcuna intenzione di correre il rischio di una guerra per fermare il "fascismo" in espansione: Londra e Parigi avevano permesso che Mussolini prendesse l'Etiopia nel 1936 e l'Albania nel 1939, che Hitler, alle date indicate, prendesse l'Austria, i Sudeti, la Boemia e la Moravia.

I polacchi, benché minacciati dalla Germania, erano ostili a qualunque intesa con l'Urss (si attribuisce all'ambasciatore polacco in Germania la frase «non abbiamo bisogno dei russi per arrivare a Berlino», che sarebbe tipica dell'orgoglio nazionalista polacco e della sottovalutazione della potenza militare tedesca).

Le oscillazioni pro-hitleriane della politica estera inglese (persino Anthony Eden, in seguito anti-nazista a oltranza al fianco di Churchill che lo fu sempre, effettuò una prima, fiduciosa visita al führer) furono tali da indurre parte della storiografia britannica a ritenere che Hitler avesse buone ragioni per pensare che l'Inghilterra avrebbe abbandonato anche la Polonia, come aveva abbandonato (a parte l'Etiopia) l'Austria e la Cecoslovacchia. La diplomazia britannica (come quella francese) ebbe dunque – secondo queste tesi – rilevante responsabilità nel persuadere Hitler che avrebbe potuto proseguire la sua politica estera espansionistica senza correre eccessivi rischi. E convergentemente per indurre Stalin a preferire una temporanea intesa con Hitler a una alleanza coi franco-inglesi, per la sicurezza collettiva, a lungo perseguita e mai realizzata (salvo i patti con la Francia) al momento della prova di forza (Cecoslovacchia e Austria).

Queste oscillazioni della politica estera britannica (e di quella francese) si protrassero anche quando la guerra venne ufficialmente dichiarata, e con lo scoppio del conflitto russo-finnico (inverno 1939-40) sembrò che Londra e Parigi fossero disposte a combattere contro i sovietici, più che contro i tedeschi. È questo un aspetto da tenere presente, anche per valutare il rapporto fra scoppio della guerra e espansione mondiale del comunismo, quale si presentava nell'agosto del 1939.

Se le oscillazioni francese e soprattutto inglese ebbero una rilevante responsabilità nel determinare la situazione che portò alla seconda guerra mondiale, sotto il profilo della visione del comunismo e della sua espansione si può infatti ritenere che, senza il patto con Stalin, Hitler non avrebbe rischiato la guerra; e si può quindi sostenere che l'Urss stipulò quel patto per contribuire a provocare il conflitto, appunto perché esso avrebbe consentito quella ripresa espansiva che era stata bloccata davanti a Varsavia nello stesso mese di agosto di diciannove anni prima.

Vi è un discorso di Stalin al politburo del partito, dopo la stipulazione del patto, che taluno ritiene di dubbia autenticità, nel quale il dittatore sostiene che il patto con la Germania, spingendo questa sulla via della guerra, avrebbe aperto prospettive rivoluzionarie, attraverso un nuovo «massacro imperialista» che avrebbe indebolito i contendenti, aprendo prospettive rivoluzionarie – a seconda di chi sarebbe stato il vincitore – in Francia o in Germania, o addirittura in ambedue i Paesi. È plausibile che Stalin abbia esposto questa tesi per giustificare un accordo che aveva lasciato stupefatti i comunisti dell'Urss e del mondo intero, anche se, avendo la caratteristica di un patto "di non aggressione" (poi vi si aggiunse quello "di amicizia") poteva essere presentato, in pubblico, come un "contributo alla pace".

Ma la tesi che Stalin favorisse la guerra per preparare la rivoluzione non è sostenibile. Egli tentò in ogni modo di tenere l'Urss lontana dal conflitto, prima puntando sui franco-inglesi per scoraggiare Hitler, e poi arrivando ad accordarsi con la Germania di fronte alle incertezze di Londra e di Parigi. Stalin non provocò affatto la guerra: se la vide minacciata, e venne dichiarata tra le grandi potenze non comuniste. Era tanto poco preparato all'idea di una guerra che coinvolgesse l'Urss, che rifiutò di credere a un'aggressione nazista anche quando questa era già in atto.

Che da questa situazione derivasse un'occasione unica per l'espansione mondiale del comunismo, non dipese dalla volontà dei comunisti, né ovviamente – tanto meno – da quelle dei loro rivali nazisti e dei loro competitori liberal-democratici. Possiamo individuare le origini del fenomeno nell'intrecciarsi di cause insite nella storia d'Europa, da quando sono nati i moderni Stati-Leviatani, col retroterra culturale che si è detto. È un punto di vista che può essere confermato dalle fasi del conflitto sino al giugno 1941, quando l'attacco hitleriano all'Urss vi impresse la svolta decisiva.

La “drôle de guerre”

L’inizio del conflitto, lungi dal potenziarli, porta alla completa scomparsa di ciò che resta dei partiti comunisti in Europa, a partire dal solo con importanza politica, quello francese. I comunisti italiani erano da tempo fuori legge; ora le loro organizzazioni clandestine sono state completamente distrutte dalla polizia fascista. Il loro leader, Palmiro Togliatti, è a Mosca con pochi compagni. Qualche altro è sparso fra la Tunisia e l’America settentrionale. Fuori legge anche i comunisti tedeschi, con l’attività clandestina resa impossibile: alcuni emigrati in Russia, sospettati di essere critici verso Stalin, vengono addirittura consegnati alla Gestapo. Ormai inesistenti anche i comunisti spagnoli, rappresentati da qualche superstite in Francia e in Russia. Altrove, in Europa, è il nulla.

Il solo partito comunista importante è quello francese. Dapprima, anche dopo il patto germano-sovietico, persiste sulla linea “antifascista”. Vota i crediti di guerra. I suoi militanti, a partire dal segretario, Maurice Thorez, rispondono all’ordine di mobilitazione e si presentano ai loro reparti militari. Poi, quando la Terza internazionale definisce la seconda guerra mondiale, come la prima, uno scontro tra imperialismi, la scena cambia. Il partito adotta la parola d’ordine del rifiuto della guerra imperialista, lo stesso Thorez diserta per raggiungere l’Urss. Come conseguenza il partito è messo fuori legge, la crisi di base è fortissima. Si arriverà al punto di chiedere l’autorizzazione a pubblicare il quotidiano “L’Humanité” all’autorità tedesca di occupazione, a Parigi (autorizzazione ovviamente negata), prima che l’aggressione nazista all’Urss trasformi il "partito dei disertori" in quello che verrà definito «il partito dei fucilati» per il grande contributo dato dai comunisti francesi alla Resistenza.

Sparito di fatto in Europa, il comunismo è del tutto inesistente su scala mondiale, salvo che per il nucleo armato attestato in Cina, con Mao Tse-tung, ai margini del Paese, nello Yenan, mentre il protagonista della guerra contro l'invasione giapponese è il generale anticomunista Chang Kai-shek.

Questa la situazione del comunismo quando in Occidente è in corso quella che verrà definita la «drôle de guerre», una guerra non combattuta, salvo che dall'Inghilterra sul mare grazie al primo lord dell'Ammiragliato, Winston Churchill, il nemico giurato e la "bestia nera" di Hitler.

Il führer era rimasto sorpreso dalla dichiarazione di guerra da parte di Francia e Inghilterra. Aveva egualmente rischiato la sua *blitzkrieg*, la "guerra lampo" contro la Polonia, liquidata in un mese dalla macchina bellica tedesca (intanto l'Urss ne acquisiva le regioni orientali), mentre solo un velo di poche divisioni proteggeva le frontiere occidentali da una Francia che ne schierava oltre cento, ma che non si mossero affatto.

Hitler ebbe dunque modo di convincersi che se Francia e Inghilterra gli avevano dichiarato guerra, non avevano però intenzione di farla sul serio. E lanciò una proposta di pace, il 6 ottobre 1939. Venne respinta, ma l'inattività degli Alleati sul fronte occidentale confermò la persuasione del führer di trovarsi di fronte a nazioni in decadenza, ormai incapaci di battersi. Da qui la decisione di prendere egli stesso l'iniziativa, di attaccare la Francia pur in pieno inverno (tra novembre e dicembre). Solo le obiezioni dei militari indussero il führer a quel rinvio che gli consentì di mettere a punto un nuovo e geniale piano bellico (inizialmente escogitato dal generale Erich von Manstein tra lo scetticismo dello stato maggiore), per una nuova guerra lampo che attraversando le Ardenne (ritenute impraticabili dai carri armati) col meglio delle divisioni corazzate della Wehrmacht, avrebbe permesso di accerchiare e distruggere le armate Alleate concentrate in Belgio e nel nord della Francia.

Ma prima di questi eventi del maggio 1940, durante la "drôle de guerre" e per chiarirla, è necessario prendere in considerazione quanto accadde all'estremo Nord, con la già citata guerra russo-finnica e con l'invasione della Norvegia in aprile, due fatti importanti di quella che al momento non appare affatto una guerra civile (se non in senso lato), ma un conflitto tra Stati, lungo il solco tracciato dal XVII Secolo in poi.

Stalin intende trarre il massimo profitto dall'accordo con Hitler. Oltre alla sua parte della Polonia, a Estonia e Lettonia acquisite dal patto, pretende anche la Lituania, che la Germania gli concede; e ottiene dalla Romania la Bessarabia e la Bucovina.

La richiesta alla Finlandia di rettifiche di frontiera, soprattutto per allontanarla da Leningrado, viene rivolta su sollecitazione dello stato maggiore dell'Armata rossa: il dittatore sovietico è personalmente cauto, e quando i finnici rifiutano e l'esercito chiede un'azione di forza, egli la consente a condizione che a condurla siano solo le forze armate del distretto di Leningrado (ritenute sufficienti).

Queste mosse sono da grande potenza, erede dell'impero zarista, cui appartenevano le aree conquistate (anche la Finlandia era una provincia dell'impero). Ma all'ultima impresa viene data una colorazione "comunista": si contesta la legittimità del governo di Helsinki, il vecchio leader del partito comunista finlandese e del Comintern Otto Kuusinen forma un cosiddetto governo popolare, in esilio, disposto a trattare coi sovietici. È un piccolo episodio, ma indicativo di quello che accadrà nel dopoguerra, su scala mondiale, soprattutto in Asia, nella quale fenomeni di ristrutturazione statuale (massimo esempio la Cina) assumeranno il connotato di rivoluzioni del "comunismo", al quale verranno addebitati i milioni di vittime che tali ristrutturazioni comportano.

Tutto questo, a fine 1939, non solo è di là da venire, ma addirittura non immaginabile. Ciò che colpisce l'opinione pubblica è il clamoroso fallimento di quella che avrebbe dovuto essere una sorta di guerra lampo dell'Urss contro la Finlandia e che si trasforma in dure sconfitte dell'Armata rossa, con due importanti conseguenze.

La prima è quella di convincere Hitler che l'Urss è un soggetto militare debole, facilmente battibile. Mentre Molotov verrà ricevuto a Berlino e von Ribbentrop gli proporrà un'improbabile spartizione dell'impero britannico (comunque rifiutata), matura nel Reich la convinzione che porterà ad accelerare la marcia all'Est (sempre al primo posto nel pensiero di Hitler).

La seconda conseguenza è che il prolungarsi del conflitto mette in luce come Londra e Parigi, che non combattono la Germania per terra, sembrino più disponibili a fare la guerra all'Urss. Si progetta un intervento a fianco dei finlandesi, mentre l'armata francese d'oriente, stanziata in Siria (agli ordini di quello stesso generale Weygand che, consulente dei polacchi, ha sconfitto i russi a Varsavia nel fatale agosto 1920), viene preparata a possibili iniziative verso il Caucaso, eventualmente in collaborazione con la Turchia.

La "drôle de guerre" con la Germania si trasforma così in una sorta di neutralizzazione del fronte sul Reno, mentre Londra e Parigi sembrano più interessate a bloccare l'espansione sovietica. Hitler ne tiene conto e un anno dopo, nella primavera del 1941, ormai liquidata la Francia, riproporrà un'altra sorta di neutralizzazione all'Inghilterra, attraverso la missione di Hess.

Di fronte al rischio di un ampliamento del conflitto, Stalin affretta i tempi. Impegna nuove forze, supera la resistenza dei finlandesi, che sono costretti ad accettare trattative di pace, avviate a Mosca mentre Kuusinen è accantonato e i franco-inglesi prospettano a Helsinki l'invio di aerei e di truppe. La Finlandia non si fida, preferisce concludere la pace a condizioni non troppo onerose – un anno dopo cercherà la rivincita alleandosi alla Germania nell'attacco all'Urss (piano "Barbarossa").

Mentre la "drôle de guerre" prosegue sul Reno, le fiamme nel Nord appena spente in Finlandia si accendono in Norvegia. L'iniziativa è di Churchill, che disponendo della flotta medita di utilizzarla per tagliare alla Germania i rifornimenti di ferro dall'area scandinava, occupando i porti norvegesi. Il preannuncio è dato da un'operazione inglese che viola la neutralità della Norvegia: cacciatorpedinieri britannici assaltano nelle sue acque territoriali il piroscafo tedesco "Altmark", per liberare prigionieri inglesi che aveva a bordo.

Hitler intuisce le intenzioni britanniche e le precede. Ai primi di aprile assume la "protezione armata" della Norvegia, alla quale si aggiunge quella della Danimarca, che l'accetta. La Norvegia, invece, si oppone a una "protezione" che in realtà è un'invasione. La "drôle de guerre" sta per finire.

Dunque il conflitto si estende, ma i comunisti non vi hanno nulla a che fare. Nella primavera del 1940 l'Urss ha ottenuto quanto più poteva dal conflitto in Occidente. Si sono concluse anche le repressioni di massa degli anni Trenta, quelle derivate dalla collettivizzazione forzata e quelle che accompagnano i processi contro la vecchia guardia leninista.

A questo punto il bilancio delle stragi del XX Secolo è ancora limitato, per quanto tragico [36]. Ma siamo a una svolta: Hitler pensa di evitare la guerra sui due fronti, liquidando l'uno (una sorta di "drôle de guerre" con l'Inghilterra) per preparare l'altro (la Russia).

---

[36] Come risulta dalle tabelle pubblicate a pagg. 93-94.

Dall'Europa al mondo intero

La "guerra lampo" di Hitler, che porta alla sconfitta della Francia, mantiene alle stragi del Secolo una dimensione esclusivamente europea. Questo vale anche per la battaglia d'Inghilterra dell'estate del 1940, che avrebbe dovuto dare alla Luftwaffe il dominio completo del cielo, premessa alla possibile invasione dell'isola (operazione "Leone marino").

Ma la Royal Air Force (Raf) vince la battaglia d'Inghilterra, la sua resistenza impedisce il completo venir meno di un fronte a Occidente; e Hitler deve ricorrere a una soluzione alternativa. Il führer blandisce l'Urss dichiarandosi disponibile a una spartizione dell'impero britannico (la citata visita di Molotov a Berlino, autunno 1940); in realtà prepara l'attacco a Est.

Ma Hitler intende mantenere inalterata la sua strategia di combattere su un fronte solo. Pensa a un altro tipo di neutralizzazione a Ovest. Vuole dare una prova della sua buona volontà nei confronti dell'Inghilterra in difficoltà. E ha quindi luogo uno dei più sorprendenti episodi (decisivo, anche se trascurato) del secondo conflitto mondiale.

Il luogotenente di Hitler e numero due del partito nazista, Rudolf Hess, si prepara a recarsi personalmente in Inghilterra, per prendere contatto con circoli esoterici, supposti influenti nell'aristocrazia e a corte, per annunciare che il Reich sta per attaccare l'Urss e sconfiggere definitivamente la minaccia comunista, a vantaggio di tutto l'Occidente e quindi della stessa Inghilterra, il cui interesse sarebbe dunque quello di lasciare mano libera alla Germania, attraverso una sorta di nuova "drôle de guerre" sul fronte occidentale, che per ora è un fronte aereo (cominciano duri bombardamenti sulle città tedesche), ma che potrebbe diventare anche terrestre, se si dovesse verificare il temuto intervento degli Stati Uniti.

La missione di Hess fallisce. L'Inghilterra di Churchill (che i nazisti speravano di far destituire) continua a combattere a fondo il Reich. Tuttavia Hitler ritiene che qualche risultato Hess lo abbia ottenuto, e che quando alle sue parole si aggiungeranno i fatti (le vittorie all'Est) forse a Londra qualcosa cambierà. E rischia la guerra su due fronti, nella convinzione che quello dell'Ovest potrebbe venir meno [37].

Ai vertici dei servizi d'informazione inglesi lavoravano alcuni giovani intellettuali (Kim Philby, Anthony Hunt, Roger Hollis) che erano stati da tempo reclutati, per fede comunista, da quelli sovietici. Attraverso questo canale, Stalin poteva avere appreso che la missione di Hess era fallita. E riteneva quindi che, senza la garanzia di neutralizzare il fronte occidentale, il führer non avrebbe aperto quello orientale. Il dittatore sovietico riteneva il dittatore tedesco più saggio di quanto in realtà non fosse.

Inglesi e tedeschi hanno steso un velo, allora e dopo, sulla vicenda Hess. Essa è invece importante, perché testimonia come non tutta l'Inghilterra fosse con Churchill, e come vi fosse chi era disposto a trattare con Hitler anche durante la guerra e mentre si costruiva Auschwitz. Nacquero anche leggende, come quella – avallata dallo storico tedesco Werner Maser – secondo la quale Hess (imprigionato a Spandau) sarebbe stato portato in Urss, per raccontare a Stalin la vera storia del suo viaggio inglese. La missione di Hess in Gran Bretagna è un episodio collegabile alla "storia occulta" dell'Occidente e non storicamente chiarito, ma è premessa alla trasformazione di una guerra europea in guerra mondiale, pre-condizione delle successive stragi attribuite ai comunisti.

---

[37] Avevo sviluppato questa ipotesi in *Hitler e il nazismo magico*, e recenti documenti l'hanno resa ancor più plausibile. L'ho collegata con l'atteggiamento di Stalin (poco comprensibile per gli storici), il quale rifiuta fino all'ultimo di credere alle informazioni che gli pervengono e che indicano come imminente l'aggressione germanica.

La prima estensione del conflitto è dovuta all'attacco tedesco all'Urss, e la seconda a eventi che maturano non in Occidente, ma nell'estremo Oriente e del tutto indipendenti dalla presenza e dall'influenza dei comunisti: si tratta dell'espansione imperiale del Giappone, proiezione della logica degli Stati-Leviatani che spinge il Paese del sol levante sulla scena mondiale da quando vi arrivarono, nel 1854, le prime navi americane del commodoro Matthew Perry.

Il Giappone intende costruire la "grande Asia orientale" sotto la sua guida, così come Hitler vuol costruire il nuovo ordine europeo. I comuni interessi, soprattutto contro Urss e Stati Uniti, portano a un'alleanza militare alla quale aderisce anche l'Italia fascista (patto tripartito).

Nel conflitto sino-giapponese i comunisti hanno, nel 1941, il ruolo marginale che si è detto. L'attacco del Giappone a Perl Harbour provoca la guerra con gli Stati Uniti, un conflitto tra due potenze nelle quali i comunisti sono, al momento, inesistenti. La strage diviene mondiale, ma l'attribuzione delle sue vittime sempre più problematica, da quel 7 dicembre 1941 che vede contemporaneamente il citato attacco giapponese e l'inizio della controffensiva sovietica alle porte di Mosca, con la prima sconfitta di Hitler.

Sono date e dati da tenere presenti, anche perché confutano la stravagante (e impropria) affermazione dello studioso francese Stephane Courtois (autore del saggio introduttivo al *Libro nero del comunismo*) secondo il quale il movimento comunista internazionale si sarebbe diffuso, come una malattia contagiosa, in tutto il pianeta. La malattia contagiosa, qualcosa di simile alla peste o al colera, evoca un fenomeno che ha l'ineluttabilità delle calamità naturali di tempi oscuri. E non a caso si è parlato dell'Aids come della peste del XX Secolo e anche (da parte cattolica) come di una punizione divina per i peccati umani, soprattutto nell'ambito sessuale.

In realtà, così come l'Aids non è affatto la peste né una punizione divina, neanche il comunismo è una malattia contagiosa. Ma l'Aids può essere il prodotto – qualche studioso lo sospetta – di falliti esperimenti di laboratorio (russi e/o americani) per la preparazione di una guerra batteriologica. O può essere – secondo la tesi più diffusa e più attendibile – la conseguenza della presenza di un virus di derivazione africana, favorito da particolari circostanze ambientali in un contesto non africano: e in tal senso sarebbe una lontana conseguenza della planetarizzazione della cultura "bianca", della quale si parlerà più avanti, a proposito di stragi e di conteggio delle vittime. Quanto al comunismo, se fosse una malattia contagiosa, non lo sarebbe per fatalità naturale, ma per cosciente diffusione, a opera, cioè, di untori di manzoniana memoria, i protagonisti appunto del movimento comunista internazionale.

Ebbene, fino a quando Hitler non attaccò l'Urss e fino a quando il Giappone non attaccò gli Stati Uniti, il comunismo internazionale – come ritengo di avere sufficientemente dimostrato – era ben poca cosa. Fu la planetarizzazione del secondo conflitto mondiale a rilanciarlo, così come il primo lo aveva fatto nascere (le due fasi della nuova guerra dei trent'anni). E se venne rilanciato, non lo fu soltanto come "illusione" (Furet), ma anche come speranza: l'antico anelito verso l'eguaglianza, così forte negli esseri umani – come sostiene il grande economista svedese Gunnar Myrdal, uno dei teorici del "welfare", con la sua "scuola di Stoccolma" – da riuscire a sopravvivere a secoli di delusioni che lo avrebbero potuto estinguere definitivamente.

Se dopo il 1941 e soprattutto dopo il 1945 il comunismo si diffonde come speranza, particolarmente in quello che sarebbe stato definito Terzo mondo, è perché di altre occasioni di speranze non ve n'erano molte; nei Paesi dove storicamente esistevano – a partire dall'Inghilterra e dagli Stati Uniti, culla della rivoluzione contrattualista e della moderna democrazia rappresentativa – il comunismo non attecchisce.

Nelle altre nazioni occidentali, grandi e piccole, il processo di emancipazione delle classi lavoratrici si sviluppa attraverso la socialdemocrazia. Tra i Paesi maggiori, il comunismo è assente nella Germania occidentale, anche per le tragiche esperienze dell'occupazione sovietica in quella orientale. È assente in Spagna, dopo le altrettanto tragiche esperienze della guerra civile, in seguito vivificato dopo la caduta del regime franchista, ma solo in parte, e con un peso politico del tutto marginale. È presente invece, con peso politico, in Francia, anche come conseguenza del fatto che vi è una forte tradizione culturale (non comunista) la quale vede nella rivoluzione russa elementi comuni e di continuità con la rivoluzione francese, la "grande rivoluzione" orgoglio della Francia. È presente fortemente, infine, in Italia, anche come conseguenza della dittatura fascista, della quale appare come l'antagonista per antonomasia e quindi è il principale beneficiario del crollo, come risultato della guerra, del regime mussoliniano.

In conclusione il movimento comunista, dopo la seconda guerra mondiale, si presenta come una grande speranza, soprattutto intrecciata alle tradizioni di aree culturali del cosiddetto Terzo mondo. Non è, dunque, una malattia contagiosa, ma il prodotto di una sequenza storica che si può rigorosamente descrivere, come qui è stato fatto, e che coinvolge eredità culturali e scelte politiche non soltanto dei comunisti.

È solo a partire da questo assunto che si può parlare di cifre, cominciando con le tabelle redatte dall'autorevole storico inglese Alan Bullock, il cui libro *Hitler e Stalin* (Garzanti) – col plutarchiano sottotitolo *Vite parallele (I due uomini che hanno plasmato la storia del nostro secolo)* – è fondamentale, al di là della dicotomia che riecheggia quella noltiana nazionalsocialismo-bolscevismo. Ecco le tabelle di Bullock:

Stima dei caduti (esclusi i civili) della prima guerra mondiale

PAESI BELLIGERANTI	CADUTI
Gran Bretagna *	744.702
Francia *	1.327.000
Italia	460.000
Urss **	1.700.000
Usa	115.600
Germania	1.808.545
Austria-Ungheria	1.200.000
Turchia	325.000
Totale	**ca. 7.700.000**

* Le cifre di Gran Bretagna e Francia non includono le perdite subite dagli eserciti dei rispettivi imperi.

** Cifre sicuramente non complete: non sono incluse le vittime della guerra civile russa.

Stima dei caduti della seconda guerra mondiale in Europa e negli Usa

	Totale popolazione	*Perc. pop. (incl. prig. di guerra)*	*Militari*	*Civili*
Urss (1941-45)	21.300.000	11,0	13.600.000	7.700.000
Germania (1939-45)	6.850.000	9,5	3.250.000	3.600.000
G. Bretagna (1939-45)	388.000	0,8	326.000	62.000
Francia	810.000	1,9	340.000	470.000
Polonia	6.123.000	17,2	123.000	6.000.000 *
Jugoslavia	1.706.000	10,9	300.000	1.400.000
Ungheria	420.000	3,0	–	–
Grecia	520.000	7,2	–	–
Romania	460.000	3,4	–	–
Austria	480.000	7,2	–	–
Italia	410.000	0,9	330.000	80.000
Cecoslovacchia	400.000	2,7	–	–
Altri Paesi europei	425.000			
Totale dei Paesi europei	**ca. 40.000.000**			
Usa (1941-45) **	295.000	0,4		

* Di cui 2,9 milioni erano costituiti da ebrei.

** Incluso il teatro del Pacifico.

Se alle vittime delle due guerre mondiali aggiungiamo il numero di quelle delle guerre civili spagnola e russa, il totale ammonta a circa 59 milioni di vittime in trentun anni:

• Seconda guerra mondiale	ca. 40.000.000
• Prima guerra mondiale	ca. 7.700.000
• Guerra civile spagnola	ca. 600.000
• Guerra civile russa	ca. 10.000.000
• Totale	**ca. 58.300.000**

E finanche questa cifra non tiene conto dei 5 milioni di morti nella carestia russa del 1921-22, delle vittime della collettivizzazione degli anni Trenta e di quanti furono giustiziati nelle purghe o morirono nei campi d'internamento. Aggiungendo tali cifre, le vittime della violenza sprigionata nel periodo 1914-53 ammontano a circa 75 milioni.

Come si vede, Alan Bullock considera e distingue le vittime delle carestie e delle guerre civili russe, che il *Libro nero* attribuisce invece, disinvoltamente, ai comunisti, ignorando (con Ernst Nolte) la loro radice originaria nello scoppio della prima guerra mondiale (senza la quale Stalin non sarebbe mai giunto al potere, per promuovervi la collettivizzazione forzata).

Lo storico inglese – che ovviamente è anticomunista – tiene conto anche delle purghe e dei gulag: parla però di «vittime della violenza sprigionata nel periodo 1914-53», collocandole nel periodo di «trentun anni» – che sono, appunto, quelli della seconda guerra dei trent'anni.

L'ultima data (1953) è quella della morte di Stalin, che forse ha evitato altre massicce persecuzioni, a partire dall'assurda denuncia degli «assassini in camice bianco», i medici ebrei accusati di attentare alla vita dei massimi dirigenti sovietici che avevano in cura.

Va rilevato che, pur arrivando al 1953, il grosso degli stermini di massa precede la seconda guerra mondiale, in conseguenza della quale essi investono principalmente (oltre ai detenuti nei campi di concentramento) popolazioni accusate di aver collaborato o di aver intenzione di collaborare con gli invasori tedeschi durante «la grande guerra patriottica» (definita come tale e non comunista), a partire dai tedeschi del Volga.

Le stragi russe, in sostanza, cessano con la seconda guerra mondiale e non vengono estese ai Paesi conquistati dall'Urss, le cosiddette democrazie popolari, nelle quali viene colpito, con qualche oppositore non comunista (Nikola Petkov, in Bulgaria), solo il vertice degli stessi partiti comunisti (dall'ungherese Laszlo Rajk al cecoslovacco Rudolf Slansky). Le vittime dei comunisti si collocano dunque tra quelle della «violenza sprigionata» a partire dall'agosto 1914; e se questa violenza è stata «sprigionata», qualcuno ha pur rotto le sbarre: e tra chi le ha rotte i comunisti non sono stati né i primi, né i soli.

Le lontane origini, si è visto, vanno fatte risalire al XVII Secolo, agli Stati-Leviatani di hobbesiana memoria. Delle cause del conflitto 1914-18 si è detto. Ma, finita la seconda guerra dei trent'anni, l'Europa non è più il teatro principale della violenza. Il comunismo vi è marginale: non più un'epidemia, ma tutt'al più una semplice influenza, con focolai limitati alla

Francia e all'Italia. Va infatti tenuto presente che non vi è alcun progetto staliniano di estensione del sistema comunista all'Europa occidentale. I confini fissati a Yalta (gennaio 1945) rimangono di fatto inalterati e semmai, in contrasto con Stalin, li estende Tito, che porta il suo "comunismo" (a forte tinta nazionalista) alle porte d'Italia, escludendo ogni influenza inglese in Jugoslavia, pure prevista dalle intese tra Churchill e il dittatore sovietico.

Dunque niente più stragi in Europa, né comuniste, né d'altro tipo, dopo il secondo conflitto mondiale. Le stragi si spostano soprattutto in Asia e parte in Africa. Solo nel primo continente i comunisti sono protagonisti, con i loro partiti cinese, vietnamita, cambogiano, nord-coreano. In Africa hanno un ruolo secondario nei fronti detti di liberazione.

Ma al di là delle singole, specifiche vicende – per le quali le grandi cifre del *Libro nero* si riferiscono basilarmente alla Cina – anche la storia degli stermini di massa al di fuori dell'Europa non può far data solo dall'esistenza e dall'iniziativa dei partiti comunisti. Si tratta di una lunga storia, lunga come quella della violenza, che si «sprigiona» nel nostro secolo ma dopo una precedente incubazione. Una storia cominciata anch'essa con la rivoluzione scientifica, con l'Europa del XVI Secolo che, coi suoi strumenti, culturali e tecnologici, lancia sulle vie del mondo i suoi navigatori e i suoi *conquistadores*.

Questa rivoluzione scientifica ha un bilancio positivo: ha permesso il miglioramento delle condizioni di vita (dall'uso più razionale delle risorse naturali, almeno per un certo periodo, all'affermazione dello Stato di diritto, con garanzie per tutti i cittadini) in misura superiore a ogni altro periodo della storia umana conosciuta. Ma non può stralciare dal suo bilancio i massacri, addebitandoli ai comunisti, che della stessa rivoluzione scientifica sono un derivato. Le stragi erano insite nella grande avventura dell'Occidente, quando il termine "comunismo" con significato politico non era ancora stato inventato.

Ottantacinque milioni

Cinque anni prima del *Libro nero* contenente la denuncia degli "85 milioni di vittime dei comunisti", sempre a Parigi usciva una nuova edizione di un testo celebre, *Tre brevi relazioni della distruzione delle Indie*, del frate Bartolomeo de las Casas [38]. Vi si legge, fra l'altro:

«V'erano nelle isole di San Giovanni e Giamaica più di seicentomila anime o credo forse più di un milione e oggi non ne resta neanche più di duecento persone per ciascuna. In tutto il Nicaragua non ci sono oggi che quattro o cinquemila persone. Ed era una delle provincie più popolate del mondo. In Nuova Spagna, o Messico, in dodici anni i cristiani hanno ucciso più di quattro milioni di persone. In Honduras, in undici anni, i cristiani hanno ucciso più di due milioni di persone. Dal 1524 al 1540 in Guatemala vengono uccisi quattro o cinque milioni di indios» [39].

De las Casas ricorda inoltre che, mentre le stragi sono in grande prevalenza opera dei suoi connazionali spagnoli, altri colonizzatori europei sono stati autori di altrettanti eccidi, come i tedeschi che, temporaneamente presenti in Venezuela, hanno ucciso da tre a cinque milioni di indigeni [40]. Ricerche

---

[38] Ed. La Decouverte, titolo in francese.

[39] Pagg. 64, 139.

[40] *Ibidem*, pag. 123.

più aggiornate portano a concludere che «nel decennio 1570-1580... la popolazione americana si ridusse al suo punto minimo (11 milioni di abitanti; 69 milioni di esseri umani eliminati)» [41]. La storiografia di orientamento marxiano sostiene che il capitalismo moderno, impegnato a combattere la diversità sociale per controllare l'incipiente lavoro salariato, nasce sulla base di due sistematici eccidi: quello delle cosiddette "streghe" in Europa, e quello degli "indiani" nelle Americhe [42].

Non si tratta di contrapporre uno schematismo a un altro, di stabilire una sorta di confronto per il quale i comunisti battono i cristiani col punteggio – di sapore rugbystico – di ottantacinque a sessantanove. Non si tratta neanche di risalire ai primordi della vita sulla terra e dell'umanità, come quella scuola di biologi che vedono nella parte ereditata dai rettili del nostro cervello (cui segue, cronologicamente, quella dei mammiferi e quella "umana") la sede di una radicata aggressività della nostra specie. In tal caso, una evoluzione positiva dell'umanità richiederebbe, presumibilmente, tempi tanto proiettati nel futuro da rendere difficilmente applicabile ogni nostra capacità previsionale.

Si tratta, invece, di individuare punti cruciali di passaggio della nostra storia recente dalla quale possa partire – al di là di denunce tanto drammatiche quanto sommarie – una riflessione che possa trasformarsi in un progetto.

Sotto questo profilo, vi è un legame logico e uno cronologico, di lungo periodo, fra le stragi che hanno segnato l'inizio dell'età moderna (le "streghe", gli "indiani") e quelle oggi attribuite ai comunisti, che nel secondo dopoguerra non si riferiscono più prevalentemente all'Europa (dove sussistono i residui dello stalinismo, i gulag, che cominceranno a essere chiusi già nel periodo kruscioviano: da qui la data del 1953 indicata da Alan Bullock), ma sostanzialmente all'Asia.

---

[41] Ugo Stornaiolo, in AA.VV, *L'altro volto della conquista*, ed. Libreria Utopia, pag. 22.

[42] Cfr. Luciano Parinetto, *La traversata delle streghe nei nomi e nei luoghi*, Antonio Pellicani editore.

Da qui parte, con la rivoluzione comunista cinese, con la sua vittoria nel 1949 (fondazione della Repubblica popolare), un processo di decolonizzazione nel corso del quale si hanno in Asia milioni o decine di milioni di vittime e due conflitti locali che hanno rischiato di deflagrare in conflitti generali: quello coreano all'inizio degli anni Cinquanta, e quello successivo in Vietnam, da metà anni Cinquanta a metà anni Settanta.

Se si parla di processi di decolonizzazione e si è parlato delle stragi di *indios*, non è per responsabilizzare l'Occidente e la sua cultura faustiana, che lo ha orientato a proporsi come civiltà mondiale, come promotore del processo che, oggi, si definisce di globalizzazione. Guerre di sterminio – dovute a una radice aggressiva che è parte della natura umana, al di là della tesi del "cervello rettile" – hanno avuto luogo, a memoria d'uomo, in tutte le aree geografiche e nel quadro dei più diversi assetti culturali. Ma qui ci stiamo occupando di quel particolare processo nel quale si collocano le stragi comuniste; e che, allora, occorre datare a partire dal XVII Secolo e nel quale decolla la proiezione dell'Occidente nel mondo intero; e, per quanto riguarda il tema, specificamente l'Asia.

Il comunismo asiatico è l'innesto del pensiero detto marxista-leninista e della esperienza del movimento comunista internazionale in contesti culturali diversi da quelli europei, nei quali quel pensiero e quella esperienza avevano avuto origine. Ciò ha dato luogo, appunto, a una sorta di innesto, a un ibrido che ha originato un prodotto nuovo, il cui legame con l'esperienza storica del comunismo occidentale si è venuto allentando, nonostante che in una certa fase sembrava si dovesse rafforzare sulla base di un rilancio delle posizioni del marxismo rivoluzionario, il "Mao Tse-tung pensiero", con le sue implicazioni di progetto di rivoluzione mondiale che muovesse non più dalle aree avanzate del pianeta (le società industriali di Occidente), ma da quelle arretrate, le "campagne del mondo", di Asia, Africa, America meridionale.

Oggi appare evidente che il percorso storico e fattuale è stato diverso. L'epopea nella quale si collocano quelle stragi asiatiche – dalle carestie del "grande balzo in avanti" e della "grande rivoluzione culturale proletaria" in Cina, fino agli sterminî cambogiani dei quali è diventato un simbolo Pol Pot (che comunque ha negato sia la propria responsabilità, sia l'attendibilità delle cifre) – è solo terminologicamente un'epopea comunista.

Abbiamo assistito e stiamo assistendo a costruzioni statuali, all'emergere di soggetti politici di varie dimensioni (dalla Cina alla Corea del Sud, preparata all'eventuale unificazione del Paese più di quella del Nord), che fondono un'accentuata dinamica capitalistica con il perpetuamento della tradizione autoritaria e che caratterizza la storia politica dell'Asia, continente nel quale non ha avuto luogo la rivoluzione contrattualista del XVII Secolo (potere basato sul consenso, regole del gioco sul piano interno). Che questo autoritarismo istituzionale si definisca "comunista" in Cina e "democratico" in Corea e abbia connotazione "militare" in Indonesia (dove, a proposito di stragi, il regime è stato instaurato, a fine anni Sessanta, mettendo a ferro e fuoco le aree di insediamento "comunista"), è un problema definitorio, pur non privo di peso: per esempio che nella colossale e sovraffollata Cina la dinamica capitalista venga abbinata a una cultura che si presenta come "comunista" può riservare, in futuro, sorprese forse non prevedibili, come si vedrà più avanti.

Se dunque, dopo il 1945, anche secondo lo stesso *Libro nero del comunismo* oltre la metà degli 85 milioni di morti deve essere collocato nell'area della "civiltà sinica" (secondo la definizione di Huntington, che si vedrà più avanti), è dunque della dinamica di modernizzazione di tale area che si dovrà tenere conto.

Essa venne promossa dall'impatto dell'Occidente e della sua cultura (prima cristiana, poi liberale, e infine marxista): dalle "guerre dell'oppio" degli anni Quaranta dell'Ottocento, alla "repubblica popolare" maoista (conseguenza del secondo conflitto mondiale), fino all'odierno "capitalismo autoritario", se così lo si può definire.

Tale processo si è sviluppato attraverso devastazioni, stragi e carestie, le più drammatiche delle quali si collocano nel periodo 1850-1878. Periodo che registra – fra le altre – la grande ribellione dei Taiping, sconfitta, e che presenta analogie con quella "comunista", vittoriosa un secolo più tardi.

Come il comunismo cinese sarà la conseguenza dell'innesto marxista sulla civiltà sinica, così il movimento Taiping e il suo "Regno del Cielo" (*Tianguo*) sono il frutto dell'innesto su questa civiltà del cristianesimo.

Il fondatore, Hong Siukuan, studia presso le missioni americane, si proclama fratello minore di Gesù Cristo, è un predicatore itinerante, fonda la Società degli Adoratori di Dio, e nel 1850, nella Cina centrale, si mette alla testa di una delle endemiche ribellioni contadine, che struttura in una ferrea organizzazione militare e paramilitare.

Scriverà Jacques Gernet, nel suo classico *Il mondo cinese. Dalle prime civiltà alla Repubblica popolare* (Einaudi):

> «Venticinque famiglie formano un *ku* (negozio), con la sua chiesa (*libaitang*), cinque uomini una squadra, cinque squadre una pattuglia, quattro pattuglie un battaglione e così via sino alla costituzione di divisioni di 25.000 uomini e di armate di 125.000. Funzioni militari, religiose e amministrative vengono così fuse tra loro. I Taiping costituiscono un regime comunitario, dove nessuno possiede beni, dove l'individuo è strettamente inquadrato, dove, dopo la soppressione di qualsiasi commercio privato, i bisogni individuali indispensabili sono assicurati dalla collettività, dove il potere è a base teocratica» [43].

Il cristianesimo diviene un'ideologia di Stato (come poi il comunismo). Inoltre:

> «Il movimento non è solo egualitaristico e rivoluzionario, ma puritano e femminista. Condanna il concubinato. Mira all'uguaglianza assoluta dei sessi, nel lavoro e in guerra. Le donne ricevono una parte di terre eguale a quella degli uomini, formano eserciti con inquadramento esclusivamente femminile. I Taiping proscrivono qualunque lusso inutile, vietano i giochi d'azzardo, l'alcol, il tabacco» [44].

Su queste basi, sul principio che «l'eguaglianza è l'ideale di

---

[43] Pagg. 515-16.

[44] Pag. 516.

un Dio onnipotente che ha inviato Hong Siukuan per la salvezza del mondo» [45], questi fonda nel 1851 il Regno del Cielo della Grande Pace, che controlla quasi tutta la Cina centrale, pone la capitale a Nanchino e minaccia la stessa Pechino.

Il regime è anche modernizzatore: «Hong Rengan, un cugino del Re del Cielo, auspica la creazione di ferrovie, lo sfruttamento minerario e industriale, l'istituzione di banche, lo sviluppo delle scienze e delle tecniche» [46].

Ma il progetto fallisce: dopo oltre un decennio di guerra, gli eserciti imperiali, aiutati dagli occidentali, nel 1864 abbattono il "Regno del Cielo" e Hong Siukuan si avvelena a Nanchino ormai perduta. Tuttavia altre ribellioni continuano a serpeggiare per oltre un decennio. Scrive Gernet:

> «La frattura è profonda fra la Cina che precedette la ribellione dei Taiping e quella che doveva seguire. Tra gli effetti più immediati, vi fu l'enorme perdita di ricchezze provocata dai massacri generalizzati e dalle distruzioni sistematiche. Le perdite di vite umane non hanno nella storia precedenti di questa vastità. In molte località, le tracce lasciate dalla tragedia non saranno cancellate neppure cinquant'anni dopo. Si ignora la cifra esatta dei morti, ma le valutazioni più ragionevoli variano fra i venti e i trenta milioni. Si dice che più della metà della popolazione dello Yunnan sia scomparsa durante la repressione delle ribellioni musulmane. Nello Shensi e nel Gansu si stima che il numero delle vittime sia stato di vari milioni e che nel Guizhou si sia aggirato intorno ai cinque milioni» [47].

Come si vede, i due milioni di morti cambogiani attribuiti a Pol Pot hanno illuminanti precedenti, che permettono un bilancio storicamente ben più fondato di quello del *Libro nero del comunismo*: nel giro di un secolo, tra la ribellione dei Taiping e il "grande balzo in avanti" maoista, l'impatto dell'Occidente, che ha condotto alla modernizzazione della "civiltà

---

[45] Pag. 516.

[46] Pag. 518.

[47] Pag. 525.

sinica", ha prodotto – con le vittime delle carestie fino alla prima metà del secolo e con quelle del conflitto sino-giapponese – oltre 100 milioni di morti, dei quali "solo" meno della metà attribuibili alla fase "comunista" della modernizzazione: le altre decine di milioni sono infatti addebitabili alla fase "cristiana" della ribellione Taiping ("l'illusione" della "grande pace" e del Regno del Cielo).

Ma per il momento siamo di fronte a una fenomenologia intricata, che solo il superficiale schematismo del *Libro nero* può racchiudere nella sintesi del "comunismo" e dei suoi 85 milioni di morti. Questo schematismo è ovviamente un prodotto culturale comprensibile. Vi hanno contribuito proprio i comunisti, i quali, a partire dal 1945, si sono presentati come una comunità internazionale di un centinaio di partiti sostanzialmente simili, che proclamavano di essere «il senso della storia», per cui, dopo «un sesto del mondo socialista» (l'Urss), si era arrivati a «un terzo del mondo» (dopo le rivoluzioni del secondo dopoguerra), destinato, in prospettiva, a estendersi agli altri due terzi.

La prospettiva era immaginabile. Acquistò credibilità soprattutto tra la metà degli anni Sessanta e la metà degli anni Settanta, allorché, con epicentro il Vietnam, sembrava profilarsi un'ondata rivoluzionaria su scala mondiale – le «campagne che assediano le città del mondo», di cui si è detto; e i «tre dieci cento Vietnam» di Che Guevara.

Ma per quanto immaginabile e credibile, quella prospettiva non era realistica. Il movimento era diviso e conflittuale. La "coesistenza pacifica" dell'Urss non era la variante, volta a rassicurare l'Occidente, della strategia rivoluzionaria maoista: ne era l'esatto contrario.

La guerra civile mondiale della quale parla Ernst Nolte non è mai stata combattuta da "tutti" i comunisti, contro i sistemi di democrazia rappresentativa dell'Occidente: è stata questa guerra civile, se così la si vuol definire, dal 1945 in poi, un intrecciarsi di conflitti locali, con caratteristiche molto diverse; di schermaglie diplomatiche; di momenti di acuta tensione (dai progetti di impiegare ordigni atomici in Corea, durante la controffensiva cinese dell'inverno 1950, alla crisi dei missili a Cuba, nell'ottobre 1962) alternantisi con fasi distensive.

Oggi ci si domanda perché un fenomeno come il comunismo mondiale – comprensibile e quindi difendibile, sotto il profilo logico, nel quadro concettuale qui presentato – possa aver esercitato tanto fascino e per tanti decenni, fino alla caduta del Muro di Berlino, e nonostante che la realtà delle stragi e dei gulag fosse ben nota nel resto del mondo non sotto il diretto controllo sovietico. La risposta, a partire dal 1945, sta in primo luogo nel fatto che l'Urss fosse una delle due grandi potenze mondiali, potenzialmente con lo stesso peso degli Stati Uniti; e in secondo luogo nel fatto che era in atto il contraccolpo dell'espansione europea dall'inizio dell'era moderna, cioè il processo di decolonizzazione di cui si è detto.

Il male assoluto

Praticamente dissolto in Occidente all'inizio del 1941, il comunismo riacquista forze solo in conseguenza del prestigio sovietico. Possiamo ancora una volta partire da Nolte, che ha fatto del revisionismo storiografico, cioè del diritto a rivedere costantemente la storia (assolutamente giusto), una sorta di fondamentale categoria dello spirito.

Nel suo saggio *Revisione storica e revisionismo storiografico*, scritto in onore dei due grandi "revisionisti" da poco scomparsi (François Furet e Renzo De Felice), Nolte ritorna su uno dei punti fermi della sua storiografia: cioè il fatto che non si può definire il nazismo un "male assoluto". Eccone la più recente formulazione: «Si ponga in primo piano la convinzione che il nazionalsocialismo debba essere interpretato in modo che l'espressione non scientifica del "male assoluto" non trovi fissa dimora» [48].

L'espressione è particolarmente sofisticata, ma il concetto è chiaro. E anche condivisibile: l'espressione "male assoluto" non può avere a che fare con una storiografia che aspiri allo stato di scienza, la più vicina possibile – come già si è detto – al modello delle "scienze della natura", la fisica in primo luogo. Ma il fatto è che il nazismo, dal 1945 in poi, è stato presentato come "male assoluto", e poiché alla sconfitta di questo "male assoluto" l'Urss aveva dato un contributo determinante,

---

[48] In "Nuova storia contemporanea", novembre-dicembre 1997, pag. 55.

il prestigio della "patria del comunismo" si elevava al punto, quasi per contrapposizione, di divenire un "bene assoluto".

Nel decisivo triennio tra il giugno del 1941 e il giugno del 1944 (sbarco alleato in Normandia), l'Unione Sovietica di Stalin era stata la sola a tenere il campo contro le armate di Hitler dilagate in Europa, e a sconfiggerle per la prima volta. Di fronte ai giganteschi scontri, ai milioni di uomini che si combattevano su quello che per la Germania era il "fronte orientale", di fronte alle vittorie davanti a Mosca e dentro Stalingrado, le poche decine di migliaia di uomini impegnati dagli inglesi contro Rommel in Africa apparivano scaramucce; questo, anche se El Alamein aveva rappresentato una svolta nella guerra (soprattutto per l'Italia) pari a quella della contemporanea battaglia sul Volga, e anche se lo sbarco in Marocco e in Algeria (novembre 1942) era indicativo del grado di impegno americano in Occidente, con priorità su quello contro il Giappone nel Pacifico.

Determinante per la sconfitta di Hitler, cioè per la sconfitta del "male assoluto", il contributo sovietico trovò la sua consacrazione simbolica nella celebre foto (probabilmente un fotomontaggio, si sostiene oggi) della rossa bandiera del comunismo che un soldato russo issa a Berlino sul Reichstag.

Senza questa impostazione, accompagnata dall'estensione del sistema "comunista" (poi detto "socialismo reale") all'Europa orientale, senza l'immagine positiva dell'Unione Sovietica che vince la guerra sui campi di battaglia evitando di bombardare le città, che non lancia le bombe atomiche su Hiroshima e su Nagasaki, sarebbe impossibile capire la forte presenza del comunismo in Europa, sia pure limitata alla Francia e all'Italia, e nonostante che le denunce dei campi e delle stragi staliniani comincino presto nel dopoguerra.

Nel 1949 ha luogo a Parigi un clamoroso processo, originato da una querela di Victor Kravcenko (un diplomatico russo che ha chiesto asilo politico in Occidente) contro la rivista "Les Lettres Françaises", che lo ha accusato di mendacio per le sue rivelazioni sui campi di concentramento. Kravcenko vince la causa, a conclusione di un processo e di un dibattito in seguito al quale l'esistenza e la tragedia dei gulag non dovrebbe più essere messa in discussione.

Ma in quello stesso 1949 l'eco del processo è spenta dall'altro e ben più grande evento costituito dalla vittoria dei comunisti cinesi, che come si è visto instaurano la Repubblica popolare, scostandosi (come già Tito) dai consigli di Stalin, il quale invece suggeriva un'intesa con Chang Kai-shek (come già a Tito aveva suggerita un'analoga intesa con la monarchia dei Karageorgevic).

Nel 1968 lo storico Robert Conquest pubblica a Londra la prima edizione (che aggiornerà fino agli anni Novanta) de *Il Grande Terrore. Le "purghe" di Stalin negli anni Trenta* [49], con le cifre dei milioni di vittime poi riprese dal *Libro nero del comunismo.* Ma come il 1949 non è l'anno ricordato per il processo di Parigi bensì per la vittoria dei comunisti cinesi, così il 1968 non è certamente l'anno ricordato per il libro di Conquest bensì per la contestazione giovanile che investe l'Occidente, in concomitanza con la guerra nel Vietnam – una guerra che è l'ultima fase del processo di decolonizzazione, interpretata in Occidente come riproposizione del progetto comunista di rivoluzione mondiale.

La differenza fra il 1949, il 1968 e il 1998 sta dunque nel fatto che quella che in quegli anni era «un'illusione» (come scrive Furet), o anche una speranza (come ritengo) dotata di presente e di futuro, oggi sembra essere soltanto «il passato» (sempre Furet). Come tale, può collocarsi accanto al nazismo (o, per taluni, addirittura *al posto* del nazismo), nel ruolo di "male assoluto". Ma – quasi per contrappasso – il comunismo aveva già cominciato a usufruire dei benefici della concezione, esaltata da Ernst Nolte, del revisionismo storiografico, proprio all'inizio di questi anni Novanta che stanno finendo col *Libro nero del comunismo.* Già due storici, Arch Getty e Gaborn Rittersporn, nella autorevole "American Historical Review", avevano contestato alcune delle cifre di Conquest, sostenendo che i giustiziati e i morti nel tragico biennio 1937-38 erano 800 mila e non 8 milioni.

Nel 1996 la Yale University, con l'approvazione dell'Histo-

---

[49] Ed. italiana Mondadori, già nel 1970.

ric Book Club, ha poi pubblicato *Vita e terrore nella Russia di Stalin 1934-1941* [50], dello storico Robert Thurston (professore all'università dell'Ohio). Partendo dall'ipotesi che Stalin fosse affetto da turbe mentali le quali talvolta non gli permettevano il controllo della situazione (una tesi che anche i dirigenti sovietici sostennero con Pietro Secchia, nel 1954 [51]) Thurston, sulla base delle cifre ora disponibili negli archivi russi, ridimensiona il numero delle vittime. Egli esclude che siano mai stati programmati eccidi di massa (così come storici revisionisti e "negazionisti" escludono che Hitler abbia mai deciso e ordinato la "soluzione finale" dei campi di sterminio). Lo storico americano ritiene, invece, che Stalin abbia preso singole decisioni, di volta in volta, sotto l'incalzare degli eventi; senza dubbio è responsabile delle stragi che ne sono derivate, ma anche l'insieme della popolazione l'avrebbe considerato un male necessario, per difendere lo Stato dai nemici interni che lo minacciavano, anche in vista della temuta aggressione dall'esterno.

Non credo che il comunismo possa essere "difeso" con queste argomentazioni. E anche la contestazione sul numero delle vittime ricorda quella della storiografia revisionista, secondo la quale gli ebrei uccisi nel corso della seconda guerra mondiale non furono esattamente sei milioni, e che comunque furono la conseguenza delle privazioni degli anni di guerra (così come Getty e Rittersporn attribuiscono alla guerra e ai difficili approvvigionamenti i morti sovietici del periodo 1941-43). Le stragi rimangono stragi. Vanno però collocate nel contesto che è stato qui delineato, in un tracciato storico che non è certamente iniziato – anche nel nostro secolo – con il comunismo, e del quale comunque il comunismo non è né l'unico, né il principale protagonista (come non lo è il nazionalsocialismo).

---

[50] Titolo inglese.

[51] Me lo raccontò anni fa Giulio Seniga.

Il secolo americano

Che questo sia il secolo americano non solo al suo concludersi, ma anche al suo avvio, mi sembra non possa essere revocato in dubbio. La sua data d'inizio è quella stessa fissata da Ernst Nolte per indicare l'avvio della "guerra civile mondiale", il 1917. Ma il mese non è l'ottobre della rivoluzione bolscevica, e neanche il mese della rivoluzione precedente, il freddo febbraio: è invece il tiepido mese di aprile, nel quale gli Stati Uniti intervengono in guerra, segnandone l'esito finale (la sconfitta degli imperi centrali). Da allora, le tappe del secolo americano scandiscono i tempi di quello che una loro storiografia definisce il "destino manifesto", cioè una irresistibile vocazione al potere mondiale, al di là della stessa volontà delle classi dirigenti.

Un nostro grande storico della romanità, Gaetano De Sanctis, sosteneva che i romani erano riusciti a creare un grande impero proprio perché non si erano mai proposti di farlo: vi erano giunti involontariamente, passo dopo passo. Credo che lo stesso si possa dire degli Stati Uniti: la loro classe dirigente non ha progettato un impero, ma l'ha costruito passo dopo passo, quasi per inesorabile svolgersi di eventi, a partire da quell'aprile del 1917. Tutt'al più si può dire che, diversamente da Roma, gli Stati Uniti disponevano in partenza di quanto è necessario per costituire un impero moderno, diverso da quelli antichi: la potenza economica, le materie prime, la tecnologia.

Posta questa premessa, anche gli scacchi politici e diplomatici hanno contribuito alle tappe imperiali degli Usa. Dopo il

1917, il 1919 di Versailles: invece della pace perpetua (il sogno kantiano reinterpretato dal presidente Woodrow Wilson), si è avuto allora soltanto un armistizio nella seconda guerra dei trent'anni.

Se alla Germania fosse stata concessa una pace equa, come si era impegnato a fare il presidente con i suoi famosi quattordici punti (col principio basilare dell'autodeterminazione dei popoli); se non le fossero state imposte condizioni punitive, come alla sola responsabile della guerra (pesanti contribuzioni ai vincitori, perdita di territori sicuramente tedeschi), allora sarebbero venute meno le ragioni della propaganda nazionalista prima e nazionalsocialista poi: una aspirazione alla rivincita che trovò in Hitler il suo interprete più convinto e al tempo stesso più spregiudicato.

Già si sono viste le conseguenze del crollo di Wall Street, in particolare sulla stessa Germania: la svolta hitleriana è stata, insomma, la conseguenza di due scacchi degli Stati Uniti, sul piano politico-diplomatico il primo, sul piano economico il secondo. Da questi scacchi sono derivati prima la premessa (la pace di Versailles), e poi l'occasione per la vittoria del nazionalsocialismo, che a sua volta ha poi condotto alla seconda guerra mondiale (quella che ha fatto degli Stati Uniti la superpotenza odierna).

Come già Wilson, prima di lui il presidente Franklin D. Roosevelt impose la guerra a un Paese e a una opinione pubblica fortemente riluttanti; lo fecero entrambi con uno spirito missionario che l'insieme dei loro cittadini non condivideva affatto. Non credo che fossero ipocriti nell'affermare che volevano sconfiggere il militarismo (Wilson) e il fascismo (Roosevelt) in nome della libertà e della democrazia: erano valori in cui credevano; ma imposero la guerra facendo credere agli americani di volere la pace.

Soprattutto Roosevelt condusse la campagna elettorale per la terza elezione, nell'autunno 1940, quando Hitler era già padrone d'Europa, impegnandosi con le madri americane a non mandare mai più i loro figli a combattere nel vecchio continente. Aveva tali difficoltà a intervenire nel conflitto, che la storiografia a lui ostile continua a ritenere che Roosevelt abbia provocato il Giappone e lasciato affondare metà flotta a Pearl

Harbour, pur di ottenere la dichiarazione di guerra. Sono accuse che i maggiori storici ritengono infondate: il Giappone era animato dalla volontà aggressiva che si è detta; che tali accuse continuino a essere formulate – a oltre mezzo secolo di distanza – è comunque l'indice di quanto sia stato impervio il cammino degli Stati Uniti sulla via dell'impero mondiale. E senza l'Urss, senza il comunismo, senza la fine degli imperi coloniali inglese e francese, quel cammino sarebbe stato ancora più impervio.

La fine dell'impero coloniale inglese merita qualche considerazione, a proposito delle vie non sempre prevedibili che la storia percorre. Hitler – si è visto – intendeva tutelarlo, in cambio del dominio in Europa, attraverso un'intesa con la "sorella ariana". Churchill intendeva preservarlo, era per lui una ragione di vita. Ma la guerra fra il Terzo Reich e l'Inghilterra portò alla fine non solo del primo, ma anche della seconda come potenza imperiale e mondiale. Churchill sembrava presagire l'esito non voluto e non previsto della sua guerra globale a Hitler, quando, scrivendo il suo capolavoro di storico (la *Storia dei popoli di lingua inglese*), sembrò inscrivere gli Stati Uniti, grazie alla lingua, come unici eredi del grande impero britannico che stava per finire.

L'impero americano nasce, dunque, come impero anticomunista. Ernst Nolte potrebbe anche considerarlo l'esito ultimo della guerra civile, europea e mondiale. Ma, in realtà, la guerra civile europea era finita con l'intesa di Yalta, con Stalin che non era andato oltre quanto aveva già conquistato nel 1945; non sarebbe andato oltre comunque, ma lo si poteva presentare come una minaccia.

La risposta, nella guerra fredda, fu il Patto atlantico, a egemonia americana; fu un'industria bellica da potenza imperiale che garantì per molti decenni il dinamismo economico degli Stati Uniti.

Fermo Stalin in Europa, pensò Mao Tse-tung, muovendosi in Asia, a dare ulteriore sostanza alle necessità, per gli Stati Uniti, di tenere pronta e in esercizio una potente macchina bellica permanente – una realtà ignorata dalla società americana fino a vicende per lo più asiatiche (l'attacco del Giappone, l'intervento in Corea, la guerra del Vietnam). La necessità di fronteggiare in tutto il mondo le guerre di decolonizzazione, presentate come a direzione comunista, induce l'impero americano a intervenire dovunque si supponga che i comunisti siano direttamente o indirettamente presenti, a sostenere i regimi amici e a rovesciare quelli avversi, in Guatemala e in Cile come in Iraq, in Iran, in Siria.

Alla fine l'impero americano vince la guerra fredda. L'ideologo e funzionario del Dipartimento di Stato americano Francis Fukuyama annuncia in un celebre saggio *La fine della storia*, e il presidente George Bush ritiene di poter instaurare un "nuovo ordine mondiale". Il comunismo sembra finito. Perché, un decennio dopo, riprende la denuncia dei suoi crimini, degli "85 milioni di morti"?

In realtà, il comunismo esiste ancora. Ma che cosa è oggi? Partiti che ne portano talvolta il nome, talaltra l'eredità; partiti che sono presenti quasi dovunque nei Paesi dell'Est, che hanno a Cuba e nella Corea del Nord un residuo potere gestito con crescente difficoltà – mentre in Cina il partito col nome di comunista è un'ideologia di Stato che poco ha in comune con quanto, con questa denominazione, è stato tanta parte della storia d'Europa nel secolo che sta per finire.

Non mi pare credibile che la riproposizione dei crimini comunisti sia dovuta, da parte di chi li rievoca, alla necessità di fronteggiare queste lontane situazioni. Intanto i partiti che conservano la denominazione di comunisti partecipano al governo in Francia (Pcf) e sostengono la coalizione di governo in Italia: ma il loro è un ruolo politico relativamente marginale. Né mi paiono attendibili le affermazioni di comunisti e postcomunisti, secondo i quali la campagna degli "85 milioni di morti" avrebbe quale principale obiettivo quello di mettere in difficoltà il governo di Lionel Jospin in Francia e il governo di Romano Prodi in Italia. Può darsi che chi ha promosso questa campagna abbia anche questo secondario e contingente obiettivo; ma sono convinto che quello di cui si sta discutendo abbia una portata ben più ampia di quanto non comportino i riferimenti all'odierna situazione politica in alcuni Paesi dell'Europa occidentale.

Credo piuttosto che ci si trovi di fronte alla manifestazione di una mentalità conservatrice di ampia portata, preoccupata di fronteggiare non già un comunismo che non esiste più come fenomeno mondiale, ma, attraverso la demonizzazione di esso, di contrastare ogni aspirazione al cambiamento – qualunque antagonismo che possa essere presentato come una "illusione", e dunque in quanto tale suscettibile di tradursi, nella realtà, in stragi, in massacri, in decine di milioni di morti.

I settori conservatori della cultura occidentale sembrano avvertire che le liberal-democrazie vittoriose contro i totalitarismi (nella prima metà del Secolo e con le armi su quello fascista; nella seconda metà e con la dinamica economica su quello comunista) dovranno fronteggiare competitori – ancora potenziali – che potrebbero apparire come una speranza (quale è stata, si è detto, in determinati periodi, il comunismo) e che è opportuno presentare subito come pericolose illusioni.

Nel 1848 Marx e Engels, nel *Manifesto*, scrivevano del comunismo come di «uno spettro che si aggira per l'Europa». Questo spettro è stato esorcizzato. Quali spettri si aggirano oggi per il mondo, quali si intende esorcizzare, evocando gli "85 milioni di morti" dell'"illusione comunista"? Dopo aver paragonato il comunismo a uno spettro che turbava i sonni dei conservatori di un secolo e mezzo fa, il pensiero marxista, il marxismo, può essere, a sua volta, divenuto – pur dopo il crollo del "socialismo reale" – uno spettro che preoccupa i conservatori di fine millennio?

Il marxismo, oggi, è l'ideologia di piccoli gruppi di intellettuali, i nostalgici di quello che era, all'inizio, la Terza internazionale; sono gli eredi di Trotzkij e di Bordiga, intellettuali comunque senza seguito, in contrasto fra loro sulla corretta interpretazione del pensiero dei "maestri". Mi dicono che il marxismo conosca una nuova fioritura nei campus delle università degli Stati Uniti, forse perché rimane un pensiero forte nell'aver individuato alcune leggi di sviluppo di quella che, oggi, viene definita la globalizzazione del mercato. Ma è fallito nell'assunto di essere il punto di riferimento di una classe sociale protagonista di un supposto passaggio dal capitalismo al socialismo: il proletariato industriale, che secondo Engels avrebbe dovuto essere l'erede della filosofia classica tedesca, si avvia a essere una classe residuale nella società che si delinea post-industriale.

Può comunque essere che proprio la globalizzazione riproduca, su scala mondiale, le tensioni sociali che in Europa (soprattutto quella continentale) parvero essere, a cavallo tra l'Ottocento e il Novecento, la fortuna del marxismo, sia pure nella "vulgata" dei partiti socialisti della Seconda internazionale e prima della frattura determinata dalla guerra e da Lenin.

Ma se tornerà a essere un pensiero politico non marginale, comunque, il marxismo dovrà affrontare, a mio avviso, almeno tre problemi: quello, accennato, di una classe sociale di riferimento, che per quanto detto non può più essere il proletariato industriale quale veniva inteso ancora nel secondo dopoguerra. Gli altri due problemi sono molto complessi.

Il primo è la necessaria riduzione del tasso non di scientificità, ma di scientismo di un pensiero troppo rigidamente legato all'iper-razionalismo di scuola newtoniana e cartesiana. Esso ha emarginato un sapere alternativo, definito irrazionale, se non superstizione oscurantista, che ha accompagnato l'umanità occidentale dai primordi astrologici allo sviluppo della cultura ermetico-alchemica. Il rapporto fra interiorità umana e realtà esteriore, soprattutto dopo l'affermarsi della fisica quanto-probabilistica di cui si è detto, non può più essere posto nei termini, semplificati, della rivoluzione scientifica del Seicento. È un tema che qui può essere soltanto accennato, ma al quale, a mio parere, è legata la possibilità di un ampliamento di visione senza il quale il pensiero marxista, così come oggi si esprime, appare fossilizzato.

Culture che sembravano dimenticate dalla storia stanno risorgendo in un Occidente nel quale è crescente anche l'influenza di approcci provenienti da altre aree culturali, dallo yoga al tao, dall'induismo al buddismo. Così come è in atto la globalizzazione economica, stiamo forse assistendo all'alba di una nuova cultura planetaria, della quale il movimento New Age, come si vedrà, potrebbe essere il preannuncio.

Oltre che da quello che è stato definito scientismo, il marxismo come lo conosciamo è stato anche caratterizzato dall'euro-centrismo, o meglio dall'etnocentrismo culturale dell'Occidente, oltre che da una componente di cultura patriarcale. È difficile che possa essere ritenuto autosufficiente come interpretazione della realtà sociale – "invariante", secondo l'espressione cara a Amadeo Bordiga – dopo un secolo e mezzo di eccezionali trasformazioni planetarie da quando è stato scritto il *Manifesto*.

Senza tenere conto di queste trasformazioni, l'invarianza rischia, appunto, di trasformarsi in fossilizzazione. I marxisti ortodossi ritengono che ogni proposta o progetto di "arricchimento" del marxismo si traduca in una sua revisione e mutazione. Ma senza un arricchimento, in una fase di particolare dinamica culturale, il marxismo non rischia di risultare troppo impoverito, per chi intenda continuare a utilizzarlo come strumento di interpretazione della realtà?

Il secondo e grande problema – più direttamente connesso al tema che qui si sta trattando – è quello della violenza, marxianamente intesa, come si è detto, quale "locomotiva" o "levatrice" della storia. Dopo le stragi che hanno caratterizzato il secolo che muore, la questione può apparire in una prospettiva diversa da quella che era apparsa al suo inizio.

Che l'evoluzione umana sia avvenuta storicamente attraverso la violenza, appare tanto inevitabile che una già ricordata scuola biologica l'attribuisce a un dato ineliminabile a breve periodo, quale sarebbe costituito dal "cervello rettile". Ma dopo le esperienze del XX Secolo, quale tipo di violenza possiamo immaginare, se la riteniamo indispensabile, per la transizione a una società con maggiore eguaglianza materiale e spirituale – quelle che il marxismo definisce in termini di passaggio dal regno della necessità al regno della libertà?

Personalmente ho sempre ritenuto poco plausibile la prospettiva pantoclastica di una umanità destinata a perire nel fungo di un'esplosione atomica. Anche se il declino dell'Urss da grande potenza non ha posto in disuso il suo arsenale missilistico e nucleare, anche se la fine della guerra fredda ha, ora, allontanato la prospettiva pantoclastica, le risorse distruttive attualmente disponibili su scala mondiale fanno pensare che se il passaggio dal regno della necessità al regno della libertà dovesse necessariamente richiedere il ricorso alla violenza, il prezzo da pagare risulterebbe troppo elevato, per chiunque fosse animato da volontà innovatrice.

Le esperienze dei movimenti "nonviolenti", che pure si sono delineati nel corso del secolo, non hanno dato prova positiva, come risulta quasi simbolicamente dall'assassinio del più noto dei loro leader, il mahatma Gandhi, ucciso proprio mentre infuriavano i massacri tra indù e musulmani (che tuttora travagliano l'India). Ma l'insuccesso dei movimenti nonviolenti potrebbe contribuire, così come le stragi di questo secolo, anche se non attribuibili ai soli comunisti, a preferire la rassegnata accettazione della situazione esistente rispetto a progetti di cambiamento, pur positivi nella prospettiva, che potrebbero comportare il prezzo, appunto troppo elevato, efficacemente simboleggiato dagli "85 milioni di morti".

È dunque ipotizzabile un possibile "arricchimento" del marxismo, che ne comporti la depurazione del concetto di violenza – e del tipo di violenza concepibile oltre la frontiera del Duemila – come indispensabile, senza limitazioni, per la trasformazione e l'evoluzione della società? Lascio ai marxisti ortodossi la risposta a questa domanda, che ovviamente non può essere a tempi brevi, anche perché non ritengo che la resurrezione di un marxismo, ritenuto defunto, sia lo spettro che più pressantemente preoccupi i conservatori occidentali, oggi e nell'immediato futuro. Credo che gli spettri più preoccupanti nascano, per essi, dalla competizione con altri sistemi socioculturali; e, all'interno del nostro, dal movimento sincretico che prende nome dalla New Age, la nuova era, l'età dell'Acquario.

Entrambe queste fenomenologie sono prese in particolare considerazione in quell'impero americano la cui sovranità mondiale è la più evidente conferma che quello che sta per finire è proprio il secolo americano, e non quello delle stragi comuniste o della guerra civile mondiale promossa dal comunismo (col fascismo in senso lato, nazionalsocialismo compreso, quale comprimario).

Lo scontro delle civiltà

Lo scontro delle civiltà è il titolo di un libro di Samuel Huntington (Garzanti) che ha per sottotitolo *Il nuovo ordine mondiale. Il futuro geopolitico del pianeta nell'analisi più discussa di questi anni*. Huntington insegna a Harvard; dirige l'Institute of strategic studies, è stato il fondatore e il condirettore di "Foreign Policy"; studioso di relazioni internazionali, da alcuni anni propone una visione sintetica del mondo post-guerra fredda.

Nel 1991 Huntington aveva pubblicato *La terza ondata. I processi di democratizzazione alla fine del XX Secolo* (tradotto in Italia nel 1995), e nel 1993 aveva scritto per "Foreign Policy" il saggio *Scontro tra le civiltà?*, che – sostiene ora la direzione della rivista – «ha scatenato in questi tre anni un dibattito più intenso di quello provocato da qualsiasi altro articolo [da noi] pubblicato a partire dagli anni Quaranta» [52]: la tesi di fondo era che «l'Occidente resterà per gli anni a venire la civiltà più potente. Il suo potere in relazione a quello di altre civiltà, tuttavia, si va progressivamente riducendo» [53].

Ora il volume *Lo scontro delle civiltà* sistematizza quelle interpretazioni. Le altre otto civiltà viste in competizione con l'Occidente sono la latino-americana, l'africana, l'islamica, la

---

[52] *Lo scontro delle civiltà*, pag. 7.

[53] Pag. 25.

sinica, l'indù, l'ortodossa, la buddista, la giapponese (una cartina ne fissa gli spazi occupati nella geopolitica) [54]. La prospettiva globale dello scontro è così presentata: «Una guerra planetaria che coinvolga gli Stati guida della maggiori civiltà del mondo è altamente improbabile, ma non impossibile. Un simile conflitto potrebbe scaturire dall'escalation di una guerra fra gruppi appartenenti a civiltà diverse, presumibilmente tra musulmani e non musulmani» [55].

Se la civiltà islamica è vista come la più probabile fonte di conflitti, quando deve fare un esempio di possibile guerra futura Huntington tuttavia trascura i musulmani, per scegliere come esempio gli Stati Uniti e la Cina (il Paese-guida della civiltà sinica, che mantiene il comunismo come ideologia di Stato). Ecco un esempio di come il rigore analitico possa essere accompagnato da un accorto uso della fantasia. Scrive Huntington:

> «Se avrà seguito, l'ascesa della Cina e la crescente spavalderia culturale di questa protagonista assoluta della storia umana produrranno nei primi anni del XXI Secolo tensioni tremende sulla stabilità internazionale... Immaginiamo di trovarci nell'anno 2010. Lo sfruttamento delle risorse petrolifere nel Mar Cinese Meridionale ha proceduto a pieno ritmo, in gran parte sotto l'egida della Cina ma – in alcune aree sotto il controllo vietnamita – da parte di società americane. Sospinta dalla riconquistata capacità di proiezione all'esterno del proprio potere, la Cina annuncia che stabilirà il pieno controllo su tutto il Mar Cinese Meridionale. I vietnamiti si oppongono e scoppia un conflitto. I cinesi invadono il Vietnam. I vietnamiti chiedono aiuto agli Stati Uniti, che inviano squadre di portaerei nel Mar Cinese Meridionale. I cinesi denunciano la cosa come una violazione delle proprie acque territoriali e lanciano un attacco contro la flotta navale americana» [56].

---

[54] Pagg. 22-23.

[55] Pag. 466.

[56] Pagg. 466-67.

Comincia così un conflitto generalizzato, con questa ipotetica conclusione:

«Qualunque possa essere il risultato immediato di tale conflitto planetario tra civiltà – reciproca distruzione nucleare, una fine negoziata risultato di una reciproca esaustione o l'ingresso delle forze russe e occidentali [*intervenute a fianco degli Usa, ndr*] in piazza Tien-An-Men – la conseguenza più generale e di lungo periodo sarebbe pressoché inevitabile: il drastico declino economico, demografico e militare di tutti i suoi principali protagonisti» [57].

Secondo Huntington, una pace negoziata potrebbe derivare da questa situazione, dopo gli iniziali successi cinesi:

«L'opposizione americana comincia a orientarsi nella direzione che il Giappone sperava avrebbe preso nel 1942: il prezzo imposto per sconfiggere questa manifestazione di potere egemonico è troppo alto; accontentiamoci di ottenere una fine negoziata agli sporadici conflitti, alla "guerra finta" [*ancora la "drôle de guerre", ndr*] attualmente in corso nel Pacifico occidentale» [58].

Vi è dunque una connessione tra la rievocazione delle stragi comuniste e le preoccupazioni (gli spettri) che vengono evocate agli alti livelli dell'impero americano. Si tratta del pericolo che nuove radicalità – il cosiddetto integralismo islamico, o la civiltà sinica con bandiera "comunista" – possano mettere in discussione l'ordine mondiale, fondato sull'egemonia di un Occidente che, tuttavia, è in declino.

Le stragi passate vengono rievocate, al di là dell'interpretazione storica, anche per mettere in guardia contro le radicalità presenti, per evitare "scontri di civiltà". Per scongiurarne le estreme conseguenze, Huntington propone una coesistenza in questi termini:

---

[57] Pag. 470.

[58] Pagg. 467-68.

«Legge e ordine sono i principali prerequisiti della civiltà, ma in gran parte del mondo essi sembrano svanire. In tutto il mondo la Civiltà sembra sotto molti aspetti cedere alla barbarie, dare vita a un fenomeno senza precedenti, l'avvento di un Medioevo barbarico su tutta l'umanità. Nello scontro di civiltà in atto, Europa e America sono destinate a restare unite o a perire. Nel più generale scontro – il "vero scontro" planetario – tra Civiltà e barbarie, le maggiori civiltà del mondo, con tutte le loro grandi conquiste conseguite nel campo della religione, dell'arte, della letteratura, della filosofia, della scienza, della tecnologia, della moralità e pietà umana, sono anch'esse destinate a restare unite o a perire. Nell'epoca che ci apprestiamo a vivere, gli scontri di civiltà rappresentano la più grande minaccia alla pace mondiale, e un ordine internazionale basato sulla civiltà è la migliore protezione dal pericolo di una guerra mondiale» [59].

La conclusione di Huntington su legge e ordine quali prerequisiti di civiltà e sull'incombere di un possibile Medioevo barbarico ci porta al cuore del problema.

Legge e ordine, il vecchio slogan conservatore del Nixon di fine anni Sessanta (contro i "disordini" del Sessantotto) si trasforma in un attraente prerequisito del vivere civile. In realtà, molte conquiste dell'umanità nei vari campi che lo studioso americano esalta, dalla filosofia alla scienza e alla moralità umana, si sono realizzate infrangendo leggi e creando disordine. Semmai si può porre il problema che quegli sconvolgimenti sono avvenuti anche attraverso la violenza, fatto dal quale il pensiero marxista e la pratica comunista hanno ereditato la convinzione di cui si è detto, mentre in futuro si possono ipotizzare salti di cultura e di civiltà durante i quali legge e ordine possano essere sconvolti senza l'uso della forza.

L'insistenza sulle "stragi storiche del comunismo" contiene, allora, un messaggio così sintetizzabile: legge e ordine vanno difesi, vanno tutelati dal rischio di nuove, pericolose illusioni che, come già quella comunista, si traducano in decine di milioni di vittime, con la possibilità di un altro Medioevo barbarico.

A parte il fatto che recenti studi (anche con pregevoli contri-

---

[59] Pag. 479.

buti italiani) presentano oggi il Medioevo in termini non riducibili alla barbarie e ai "secoli bui", penso sia da rifiutare l'alternativa secondo la quale l'Occidente può scegliere solo tra l'accettazione passiva della legge e dell'ordine e le "fallaci illusioni" che provocano soltanto stragi.

È possibile pensare a una società migliore senza essere ricattati dallo spettro del comunismo stragista. Questo modo di pensare, talvolta definito "pensiero positivo", è l'asse di un movimento già in atto, che contrappone l'idea – forse utopistica – di una civiltà planetaria già in gestazione alla proposta – peraltro realistica – di civiltà competitive ma coesistenti, di cui è banditore appunto Huntington.

Ritengo che la campagna contro le stragi comuniste, avviata in Francia e in Italia, ma le cui ragioni di fondo vanno individuate nel secolo americano e nell'impero americano, sia anche e forse soprattutto una campagna preventiva, la quale, suscitando la paura di nuovi olocausti, tende a frenare la diffusione del movimento che prende il nome dalla New Age – un movimento che ha avuto origine negli Stati Uniti degli anni Settanta, ma che si sta diffondendo anche in Europa. Infatti, via via che il movimento New Age si è diffuso, è stato irriso da molti per la sua superficialità culturale e per il suo rapido degenerare in un consumismo acritico; ma – proprio in sintonia con un bilancio sulla rivoluzione russa in termini di ottant'anni di stragi – il New Age [60] viene ora criticato come incubatore di un nuovo totalitarismo.

[60] Al maschile come movimento, mentre la New Age – al femminile – è intesa come Età dell'Acquario.

Rivoluzione e New Age

Il New Age è un movimento sincretico nel quale confluiscono culture planetarie, da quelle orientali (induismo, buddismo, yoga, tao), a quelle occidentali attuali (dalla psicanalisi alla fisica quanto-probabilistica), a quelle emarginate con la rivoluzione scientifica (l'astrologia, l'alchimia, l'ermetismo). Vi si trova la cultura della salute con l'omeopatia e con i cristalli, e la fiducia che gli Ufo ci rechino positivi messaggi di "fratelli del cosmo".

Della New Age ho tentato una definizione nel saggio *Alba magica* [61]. Qui la presento attraverso una sintesi critica di Damian Thompson, il quale vi vede un movimento con caratteristiche apocalittiche, quasi punto d'arrivo di consimili fenomeni [62]. Studioso di fenomeni religiosi, Thompson presenta così il New Age:

«Con l'approssimarsi della fine del II millennio, l'umanità è sull'orlo di una trasformazione straordinaria, di cui ogni esperienza umana vissuta fino a ora è stata poco più che una preparazione. È stabilito che l'età dei Pesci, che per due millenni ha imposto alla storia il suo contenuto di violenza, ceda il passo poco dopo l'anno 2000 all'età dell'Acquario, un millennio [*in realtà, secondo questa conce-*

---

[61] L'ho scritto insieme a Giuliano Boaretto, Ed. della Lisca.

[62] Nel libro *La fine del tempo. Attese e paure al compiersi del millennio* (Ed. Neri Pozza).

zione astrologica, due millenni, ndr] di saggezza e luce; nel frattempo, però, la terra potrebbe sperimentare sconvolgimenti terribili; Gaia, l'organismo vivente della terra, può essere sul punto di vendicarsi per il danno inflittole. Disastri causati dall'uomo come inquinamento e sovrappopolazione indicano l'adempimento di antiche profezie di annientamento dell'umanità. Potremmo persino essere diretti verso il regno dell'Anticristo. Comunque non tutto è perduto. Gli Elohim, una specie di esseri extraterrestri che sono responsabili della prima civiltà umana sulla terra, quella di Atlantide, possono soccorrere l'umanità. Se l'umanità prestasse attenzione ai moniti dei suoi scienziati e dei suoi profeti, la prossima Apocalisse potrebbe essere un'esperienza purificatrice, il segno dell'evoluzione di una specie superiore. Uomini e donne ascenderanno a una entità chiamata Quarto piano oscillatorio [*Fourth Vibratory Plane*] che sarà contraddistinto da una nuova conoscenza spirituale; l'homo sapiens diverrà homo spiritualis, ma solo se l'umanità compirà le scelte giuste. E ora, mentre il dramma cosmico e il tempo stesso prendono velocità, è il momento di decidere» [63].

Thompson, tuttavia, precisa:

«Quanto precede non è né una parodia delle credenze New Age né un amalgama delle più esotiche fra tali credenze, tratte da fonti diverse. È l'abbozzo dello scenario tratteggiato nei primi anni Novanta dallo stilista e guru New Age Paco Rabanne in un libro intitolato *È cominciato il conto alla rovescia?* (ed. in inglese). È raro trovare una concezione che sfoggi così tante tradizioni esoteriche pittoresche allo stesso tempo» [64].

In realtà nella cultura della New Age si possono trovare testi ben più validi di quelli di uno stilista. E anche nel testo segnalato, il "quarto piano oscillatorio" può essere meglio compreso se fosse stato lasciato inalterato, nella traduzione, il termine inglese *vibratory* (derivato da "vibrazione"). Analizzare la realtà fenomenica in termini di vibrazioni è, infatti, l'approccio comune della fisica occidentale più avanzata e di culture

---

[63] Pagg. 217-18.

[64] Pag. 218.

orientali [67]. Thompson intende cogliere nel New Age gli aspetti maggiormente in sintonia con la cultura apocalittica, che egli studia con approccio critico. Il collegamento fra tale approccio e la tematica del presente saggio è avvertibile allorché *La fine del tempo* giunge alle conclusioni:

«Il contrasto tra scenari ottimistici e pessimistici è una delle caratteristiche centrali del pensiero apocalittico: esso gioca un ruolo estremamente importante nella storia del XX Secolo, anche se non ha preso le forme di due scuole di pensiero contrapposte. Abbiamo invece assistito a una oscillazione continua dall'ottimismo al pessimismo: dalle utopie del comunismo e della democrazia liberale – spesso considerati come opposti, ma uniti nella fede di riuscire a debellare in modo definitivo guerra e povertà – a una sensazione di impotenza e di immensa rovina» [66].

È significativa, in Thompson, la messa sullo stesso piano, per i fini ultimi, di comunismo e democrazia liberale, entrambi intesi come utopici. Questo confronto, esteso ai totalitarismi, è l'asse di una ben più dura critica rivolta al New Age, contenuta in un libro edito in Francia [67]: *L'ideologia della New Age*, di Michel Lacroix (docente universitario e sovrintendente all'istituto universitario di Versailles per la formazione dei maestri).

Lacroix muove da questa considerazione: «Le ideologie versano in gravi condizioni. L'ideale rivoluzionario ha perso ogni credito, quello socialista è crollato, il razionalismo tecnocratico ha mostrato i propri limiti, mentre il liberalismo non ha

---

65 Si veda in proposito il celebre *Il Tao della fisica*, del fisico americano Frjitof Capra, edito da Adelphi già negli anni Ottanta.

66 Pag. 364. Più avanti, Thompson esamina la stessa letteratura alla Fukuyama (sulla fine positiva della storia) e, in contrapposizione, quella connessa ai rischi di un nuovo, anarchico Medioevo su scala planetaria, letteratura oggetto della trattazione in *Lo scontro di civiltà*.

67 Per singolare coincidenza, poco prima del *Libro nero del comunismo* e ora edito in Italia dal Saggiatore.

saputo offrire una visione coerente dell'uomo e del suo destino» [68]. Questo modo di vedere, come quello di Thompson, sottolinea anche la crisi del pensiero liberal-democratico. Da queste "gravi condizioni" delle ideologie, Lacroix trae la convinzione che trovi spazio una nuova e "pericolosa" ideologia – quella, appunto, del New Age, presentato in questi termini:

«Il totalitarismo ha fallito due volte nel corso del XX Secolo. La prima volta si è presentato nelle vesti dei regimi fascista e comunista. Adesso appare di nuovo con la New Age, in una versione inedita e forse più dannosa: la trasformazione personale sfocia nel lavaggio del cervello; il progetto di un uomo senza frontiere annulla ogni soggettività; il cervello globale di Gaia mette termine a ogni attività politica e sociale; la cultura della New Age è una minaccia per il nostro patrimonio culturale» [69].

Lacroix presenta il retroterra culturale del movimento in termini più positivi di quelli di Thompson; ma precisa che «tutto avviene come se questo ricco patrimonio religioso, culturale, gnostico, scientifico, fosse versato in una specie di crogiolo per realizzare un discorso chiuso in sé, dogmatico» [70], per cui vi è una «irreducibile contrapposizione tra New Age e cultura occidentale» [71]. E sul piano propriamente politico, Lacroix scrive:

«Facendo della fusione con Gaia il principio fondamentale del nuovo ordine umano, la New Age dà un definitivo indirizzo planetario alla politica e propone la creazione di istituzioni su scala egualmente planetaria. Da notare come tutte queste idee siano condivise dai leader delle varie sette. Il loro progetto tende a creare una sorta di nuovo governo mondiale, composto da personalità appartenenti a

---

[68] Pag. 7.

[69] Pag. 67.

[70] Pag. 9.

[71] Pag. 94.

sette pervenute a un grado di coscienza più elevato. Qualcosa del genere lo troviamo in World Goodwill (Buona Volontà Mondiale), che ha formulato un programma che combina l'idea di un governo mondiale con l'annuncio di un prossimo ritorno di Cristo sulla Terra. La New Age sogna un'aristocrazia spirituale diretta dalle società segrete, una sorta di sinarchia planetaria» [72].

L'attuazione della vocazione totalitaria attribuita da Lacroix al movimento New Age potrebbe derivare dalla «crisi ecologica» [73], del «fare di tutto pur di salvare la vita di Gaia [per cui] ogni attività mentale che non contribuisce alla salvezza di Gaia non ha ragion d'essere» [74]. Mentre il «prossimo ritorno di Cristo sulla Terra» è parte di quella tradizione escatologica di cui tratta Thompson, il fondamento religioso delle critiche di Lacroix viene così esplicitato:

> «Il concetto di separazione è diventato la carta d'identità culturale dell'Occidente: separazione fra dimensione reale e ideale, tra relativo e assoluto, finito e infinito, uomo e divino, sacro e profano, passato e presente. Il mondo naturale si contrappone a quello sovrannaturale. Il Cielo delle Idee è una terra straniera. La trascendenza è separata da noi da un insuperabile fossato. Dio non si rivela alle sue creature» [75].

La New Age nega perentoriamente tutte queste separatezze, il suo olismo unifica tutto, microcosmo e macrocosmo, è un progetto di liberazione assoluta, nel quale i suoi critici vedono, invece, un proposito di assoluto totalitarismo, che ricorda "l'illusione" del comunismo coi suoi milioni di morti.

Questa "paura", la «paura al compiersi del millennio» (sottotitolo del libro di Thompson), viene diffusa da testi come il

---

[72] Pagg. 84-85.

[73] Pag. 86.

[74] Pag. 87.

[75] Pag. 95.

Libro nero del comunismo per stornare una minaccia che può sorgere – come il New Age – all'interno stesso di una cultura occidentale la quale tenderebbe a trasformarsi in planetaria. Una minaccia che, coloro che la temono, ritengono tanto più pericolosa in quanto – come emerge anche dai testi citati – il pensiero liberal-democratico appare vittorioso, ma è, invece, esso stesso in crisi, in un senso che può essere appieno valutato attraverso l'opera di Robert Dahl.

Dahl è il maggior politologo degli Stati Uniti, così come Huntington è il maggior studioso di relazioni internazionali. È quindi al vertice dell'impero americano e alla fine del secolo americano che emergono le preoccupazioni che Dahl ha esposto nel libro *La democrazia e i suoi critici* [76].

Dahl definisce le democrazie rappresentative "poliarchie", cioè sistemi politici retti da élite in concorrenza tra loro, fra le quali l'elettorato sceglie chi debba governare e chi debba stare all'opposizione, alternativamente. Così ne presenta l'evoluzione storica:

«Con l'applicazione delle idee democratiche al governo dello Stato-nazione, era ancora possibile interpretare la poliarchia come un sistema in cui le politiche da adottare venivano elaborate dal demo [*il popolo, inteso soprattutto come elettorato, ndr*] e dai suoi rappresentanti eletti e in cui alcuni compiti amministrativi limitati venivano delegati a funzionari. Quindi, l'elaborazione delle politiche, nelle prime forme di poliarchia (la definiremo Poliarchia I), rimane semplice, ma diventa indiretta. [In seguito] in tutti i Paesi democratici gli specialisti diventano sempre più diffusi nei ministeri, nei dipartimenti e in altri organi, amministrativi ed esecutivi. La mobilitazione di intellettuali specializzati al servizio dei governi democratici moderni – la definiremo Poliarchia II – è stata un tentativo eroico, e generalmente valido, di adattare la democrazia alla paurosa complessità della vita politica. Tuttavia, era ancora possibile interpretare la Poliarchia II come la realizzazione dell'antico obiettivo del governo del popolo. Attraverso le decisioni elettorali, il demo poteva

---

[76] Pubblicato in Italia dagli Editori Riuniti, a lungo casa editrice del Pci (e ora, comunque, collocata a sinistra).

determinare, allo stesso tempo, i fini generali della politica e stabilire limiti generici sui mezzi accettabili» [77].

La «paurosa complessità della vita politica», nelle società industriali e post-industriali, si accentua continuamente, fino a indurre Dahl a porsi due domande cruciali:

«Ma quale è la soluzione, se le politiche importanti diventano complesse al punto che i cittadini comuni non capiscono più che cosa vada a vantaggio dei loro interessi? L'idea democratica è forse diventata la visione di un ordinamento politico impossibile, nel complesso universo in cui siamo destinati a vivere?» [78].

Il politologo americano ritiene che la democrazia sia ancora possibile, ma i suoi cittadini si trovano di fronte all'alternativa di ampliarla o di vederla restringersi – alternativa che viene sintetizzata come «democrazia o governo dei custodi [che] potrebbe sostituire la democrazia, forse non nei simboli e nelle convenzioni, ma nella pratica» [79].

«Governo dei custodi» è espressione tratta dall'ultimo Platone, quello del saggio *Le leggi*, che abbandonata l'utopia dello Stato ideale (tracciata ne *La repubblica*) affida il supremo governo della "polis" a un «Consiglio notturno» composto da un centinaio di saggi fedeli «al dio che veramente guida quelli che non sono stolti»: sono essi i custodi delle leggi, che le salvaguardano dall'opera corruttrice dei comuni mortali, i quali debbono limitarsi a rispettarle. Saggi autoproclamatisi tali, votati a un dio, sono dunque – quali custodi delle leggi – il vero governo della "polis". E senza adeguati correttivi, che ne amplino la portata e la partecipazione, la democrazia rappresentativa potrebbe trasformarsi in un "governo dei custodi", che della democrazia conserverebbe forse «i simboli», non certamente la sostanza.

---

[77] Pagg. 508-09.

[78] Pag. 509.

[79] Pag. 510.

Dahl indica alcune possibilità di ampliamento della partecipazione, da quelle offerte dalla tecnologia informatica all'istituzione di organi di intermediazione (per lo più consultiva) fra le élite e il demo: e lascia aperta la via «a tanti altri modi che i cittadini di un Paese democratico avanzato potrebbero individuare» [80]. Infine prospetta in questi termini una possibile Poliarchia III:

«Può un Paese democratico avanzato impedire lo spostamento del sistema politico verso un governo di custodi di fatto? A questo scopo, bisognerebbe concentrarsi soprattutto sull'anello più debole della catena delle approssimazioni successive, ossia sul demo stesso. Se il processo democratico non è saldamente ancorato ai giudizi del demo, il sistema continuerà a spostarsi verso il governo dei custodi. Se invece l'àncora tiene, lo spostamento si fermerà. Il problema nasce dal divario tra la conoscenza delle élite politiche e la conoscenza dei cittadini comuni. L'ipotesi che il divario possa essere sufficientemente ridotto da permettere al processo di approssimazioni successive di procedere in modo proficuo sembrerà utopistica a molte persone. Io ritengo che ci siano ancora molte importanti possibilità inesplorate. La Poliarchia III sarà il risultato dell'esigenza di ridurre il divario che separa le élite politiche dal demo» [81].

In ogni caso – questa la conclusione di Dahl – «qualsiasi forma essa prenda, la democrazia dei nostri successori non sarà la democrazia dei nostri predecessori» [82].

L'obiezione classica a questa interpretazione, mossa da teorici del fascismo e del comunismo (Marx compreso), è che in realtà le "democrazie" non sono governi di popolo, ma di minoranze economicamente potenti. Una più recente obiezione, di scuola liberale (tipico rappresentante ne è Giovanni Sartori), è che «ridurre il divario [di conoscenze] che separa le élite politiche dal demo» (Dahl) non è possibile, perché l'ignoran-

---

80 Pag. 515.

81 Pagg. 512-13.

82 Pag. 513.

za del demo di fronte alle complessità della società moderna non è superabile.

Si potrebbe rispondere alla prima obiezione che una democrazia ampliata e partecipata, la quale vada oltre la democrazia rappresentativa, quindi diversa da quella «dei nostri predecessori» (Dahl), comporterebbe la riduzione del peso del potere economico. Si potrebbe rispondere alla seconda obiezione che il divario di conoscenza tra i cittadini e le élite potrebbe essere superato, anche col contributo della tecnologia informatica, pur senza essere affascinati, come Nicholas Negroponte [83], dalla cosiddetta democrazia elettronica.

Ma lo scopo di questa "difesa del comunismo" non è quello di suggerire prospettive future [84], bensì quello di collocare in una giusta prospettiva il bilancio di ottant'anni di rivoluzione comunista, ora prospettato in termini di 85 milioni di morti.

Questo bilancio ha due valenze, una storiografica e una, in senso lato, politica. Sotto il primo profilo, pur senza negare alcuni meriti del revisionismo (per esempio il superamento di alcuni tabù imposti dai vincitori del secondo conflitto mondiale), credo di aver dimostrato con chiarezza che non si possono attribuire né al pensiero né al movimento comunista (di ispirazione marxista) svolte cruciali, come la prima guerra mondiale e la crisi economica del 1929 (che creò le condizioni per la vittoria di Hitler), senza le quali gli 85 milioni di morti non ci sarebbero stati affatto.

La seconda questione, quella che ho definito in senso lato politica, riguarda non il passato, bensì il futuro. Perché presentare come disastroso il bilancio di un'utopia o di una illusione (il comunismo, appunto) è di fatto il miglior deterrente per imporre all'umanità una prospettiva desolante: o accettare il presente stato di cose (lo scontro controllato di civiltà, la legge e l'ordine, di cui parla Huntington), oppure rischiare altri 85 milioni di cadaveri per inseguire nuove utopie e nuove

---

[83] Cfr. *Essere digitale*, ed. Sperling & Kupfer.

[84] Qualche tentativo figura in *Alba magica*, cit.

illusioni. Ma queste utopie (un termine usato anche da Dahl), queste illusioni, stanno nascendo da una realtà che viene evolvendosi sotto i nostri occhi: e proprio perché è nei fatti, ci viene presentato un deterrente che dovrebbe risultare particolarmente convincente.

La realtà è espressa, a livello internazionale, da quello che viene definito uno «scontro di civiltà». È il punto d'arrivo della formazione degli Stati-Leviatani, processo estesosi dall'Europa al mondo intero, fino all'attuale sistema globale. In precedenza, gli imperi si estinguevano (da quello romano a quello mongolo), oppure rimanevano chiusi in se stessi (come la Cina): oggi coesistono, nella situazione descritta, con aree di possibili conflitti che, pur essendo gestibili, non sono per questo meno preoccupanti.

Non si tratta di mettere sotto accusa la civiltà occidentale. Potremmo, come ipotesi semplificata, considerare inevitabile il processo storico che si è avviato sotto l'impulso, culturale e tecnologico, della rivoluzione scientifica nei secoli XV-XVII. Ma un bilancio di mezzo millennio di storia (1492: Colombo arriva in America [85]) non può essere fatto segnando l'attivo sotto la voce "civiltà occidentale" e il passivo sotto la voce "comunismo", perché questo impedirebbe una corretta valutazione di quanto è accaduto e di quanto sta accadendo.

Quanto sta accadendo non nasce solo dalla presenza della civiltà occidentale in un contesto di otto civiltà. Nasce dall'interno stesso della nostra, dalla sua storia, dalla sua cultura. Può darsi che sorgano nuove utopie o nuove illusioni, può darsi che riemerga un pensiero marxiano depurato dalla priorità della violenza e arricchito dalle culture alternative. Ma mentre queste sono possibilità, la New Age (come età dell'Acquario) e il New Age, come movimento sincretico e diffuso, sono già una realtà, contro la quale può essere usato il deterrente di future vittime di una presente illusione. E sempre contro il New Age sembra essere diretta l'enciclica che papa Wojtyla ha in preparazione per fine millennio.

---

[85] Per vedere l'impresa come inizio della rivoluzione scientifica cfr. Umberto Bartocci, *America, una rotta templare*, Ed. della Lisca.

L'influenza politica del New Age è presentemente nulla. Lungi dall'avere il progetto politico totalitario che Lacroix gli attribuisce, il movimento non ne ha alcuno. Se può essere che in avvenire lo delinei, non è per una degenerazione delle sue premesse, per l'olismo, per la preoccupazione per la vita di Gaia, come teme lo studioso francese. È, invece, nel quadro della situazione descritta da Dahl. È perché la democrazia rappresentativa occidentale è arrivata a un bivio, proprio dopo aver vinto le due grandi sfide del secolo.

Come si è detto, la democrazia occidentale ha sconfitto il fascismo storico e il suo prodotto più drammatico, il nazionalsocialismo, proprio sul terreno che questo aveva evocato per sanzionare le decisioni della storia, la prova delle armi, la guerra «igiene del mondo» (Filippo Tommaso Marinetti). Ha sconfitto il "comunismo", il cosiddetto "socialismo reale", pure sul terreno da questi proposto: quello del confronto economico, tra un'economia collettivista burocraticamente centralizzata e l'economia oligopolistica di mercato. Sconfitto il fascismo nella prima metà del secolo, sconfitto il comunismo nella seconda metà, la democrazia rappresentativa sembrava avviata verso il Duemila in una situazione di riposo del guerriero. Ma non è così.

Mentre il contesto mondiale è quello descritto da Huntington, il funzionamento interno delle democrazie rappresentative è quello descritto da Dahl. Perfino il più elementare dei diritti politici di partecipazione, il diritto di voto, è esercitato da percentuali sempre minori di un demo convinto della sua scarsa incidenza sulla realtà della politica. Nel Paese nel quale è nata la democrazia rappresentativa, l'Inghilterra, per le elezioni amministrative si vota addirittura il mercoledì pomeriggio, e si reca alle urne circa un terzo degli aventi diritto: è un simbolo di come della democrazia possa rimanere la convinzione, non già la pratica (Dahl).

Mentre il più elementare dei diritti democratici – quello di voto – viene utilizzato sempre meno in Occidente [86], lo stesso

---

[86] Anche in Italia: nelle elezioni amministrative del 1997, il voto valido si è attestato attorno alla metà degli aventi diritto.

accade in quella che era stata l'area dell'impero sovietico. Come già negli Stati Uniti, Paese modello della democrazia vittoriosa, anche in Russia, dove si supponeva che, finalmente liberi di scegliere (con élite concorrenti in luogo del partito unico), i cittadini sarebbero accorsi in massa alle urne, la partecipazione al voto si attesta attorno alla metà degli aventi diritto, così come nella Polonia che già nel 1981 invocava la libertà, e in Serbia, erede di quella Jugoslavia ribellatasi a Stalin già nel 1948.

Sono questi fatti che corroborano i dilemmi di Robert Dahl: o una democrazia più ampia e partecipata, oppure una repubblica di custodi auto-selezionati; o una democrazia diversa da quella dei nostri predecessori, oppure la fine della pratica democratica.

Diversamente da quello che pensava Francis Fukuyama, la vittoria della democrazia rappresentativa sul comunismo, dopo quella sul fascismo, non ha posto fine alla storia, ne ha soltanto cominciato una nuova fase. Il *Libro nero del comunismo* ce la vuole far percorrere col terrore di nuove stragi. Questa "difesa del comunismo" ce la vuole far intraprendere, invece, con un supplemento di fiducia.

La "barbarie" planetaria che le "civiltà" coesistenti sono costrette a fronteggiare viene presentata da Huntington in questi termini:

«Un declino del potere dell'Occidente provocherà un'inversione di rotta nella morale comune? Gli anni Novanta offrono moltissimi esempi che sembrerebbero convalidare il modello del "caos totale" in campo internazionale; un crollo generalizzato della legge e dell'ordine, Stati ridotti allo sfascio, anarchia crescente in molte parti del mondo, un'ondata generalizzata di criminalità, mafie internazionali e cartelli della droga, il dilagare della droga in molte società, un generale indebolimento dell'istituzione della famiglia, un declino della fiducia e della solidarietà sociale in molti Paesi, violenza etnica, religiosa e culturale e il prevalere della legge del più forte in gran parte del mondo. In città dopo città – Mosca, Rio De Janeiro, Bangkok, Shangai, Londra, Roma, Varsavia, Tokyo, Johannesburg, Delhi, Caracas, Il Cairo, Bogotà, Washington – la criminalità appare in vertiginoso aumento e gli elementi basilari della Civiltà sembrano scomparire. Si sente parlare di una generale crisi di valori. All'avvento delle multinazionali produttrici di merci si è accompagnato l'avvento di multinazionali mafiose e criminali, di cartelli della droga e di bande di terroristi lanciate all'assalto violento della Civiltà» [87].

Non si può rinunciare alla speranza di cambiare un mondo così descritto. E occorre resistere al tentativo di soffocare questa speranza con l'insistito ricordo delle stragi attribuite alla volontà di cambiamento, quando questa ha assunto lo specifico nome di comunismo.

Le stragi sono un ammonimento a non ripeterle, a rifiutare il concetto di violenza come indispensabile al cambiamento; sono una remora al delirio di onnipotenza. La loro evocazione non può essere l'implicita suggestione che questo passato possa imporre o condizionare il futuro.

[87] Pagg. 478-79.

INDICE

Indice

KAOS EDIZIONI

CATALOGO 1997

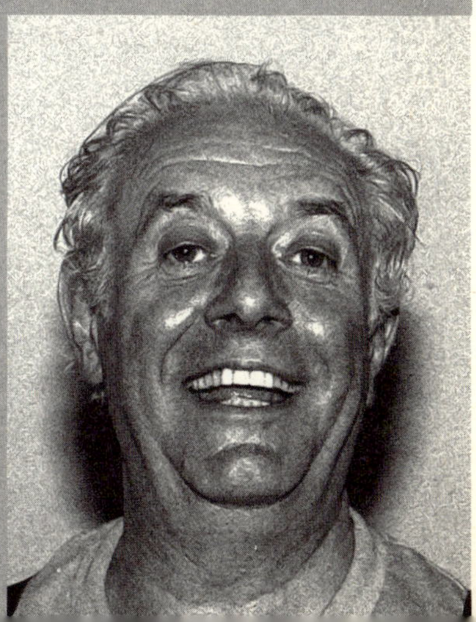

Giorgio Galli (Milano, 1928) è docente di Storia delle dottrine politiche all'Università statale di Milano. Politologo, commentatore e scrittore, è autore di numerosi e importanti saggi: tra gli altri, *Il bipartitismo imperfetto* (1966), *La crisi italiana e la Destra internazionale* (1974), *Hitler e il nazismo magico* (1989), *Storia dei partiti politici italiani* (1995). Socialista libertario, da sempre estraneo a legami partitici e a consorterie di potere, studioso della "scandalosa" cultura esoterica, negli ultimi anni Galli ha subito una progressiva emarginazione da parte dei mass media; opinionista di "Panorama" dal 1971, nel 1995 è cessata anche la sua collaborazione col settimanale della Mondadori (ormai trasformato nel newsmagazine del partito-Fininvest).

Giorgio Galli
STORIA DEL PCI
Il Partito comunista italiano: Livorno 1921, Rimini 1991
Pagg. 313 – L. 40.000

Dalla fondazione (Livorno 1921), alla mutazione in Pds-Partito democratico della sinistra (Rimini 1991): una rilettura critica dei settant'anni di storia del Partito comunista italiano. ***5ª edizione***

Giorgio Galli
IL PARTITO ARMATO
Gli "anni di piombo" in Italia 1968-1986
Pagg. 388 – L. 38.000

La puntuale cronistoria e una circostanziata interpretazione politica degli "anni di piombo" del "partito armato" (Brigate rosse, Prima linea, Nap, ecc.), al di là e contro i luoghi comuni e le "verità di Stato". ***3ª edizione***

Giorgio Galli
CROMWELL E AFRODITE
Democrazia e culture alternative
Pagg. 275 – L. 30.000

Un'affascinante riflessione storico-culturale sul divenire della società occidentale, e su come le tensioni e i conflitti tra "femminile" e "maschile" vi abbiano avuto un ruolo centrale. ***2ª edizione*** [1ª edizione col titolo *Occidente misterioso*]

Giorgio Galli
AFFARI DI STATO
L'Italia sotterranea 1943-1990: storia politica, partiti, corruzione, misteri, scandali
Pagg. 302 – L. 35.000

Il cinquantennio repubblicano di degenerazione del sistema dei partiti, tra storia politica e economia della corruzione, nel libro che ha annunciato "Tangentopoli". ***4ª edizione***

Giorgio Galli
DIARIO POLITICO 1994
L'imbroglio del 28 marzo e il governo B
Pagg. 144 – L. 15.000

Illusionismi propagandistici e mistificazioni a mezzo mass media: il grande imbroglio elettorale del 27-28 marzo 1994, e l'ingloriosa avventura del governo Berlusconi, in una cronaca non retrospettiva bensì previsionale. Fuori dal coro dei commentatori di regime.

IN DIFESA DELLA REPUBBLICA

Sergio Flamigni (Forlì, 1925) ha aderito al Pci clandestino nel 1941, e durante la Resistenza è stato Commissario politico della 29ª Brigata Garibaldi Gap "Gastone Sozzi". Nel 1952 è stato eletto segretario Cgil della Camera del Lavoro di Forlì, nel 1956 segretario della Federazione comunista di Forlì, nel 1959 membro del Comitato centrale del Pci, nel 1960 Segretario regionale dell'Emilia Romagna, nel 1963 nell'Ufficio di Segreteria nazionale del partito. Parlamentare del Pci dal 1968 al 1987, ha fatto parte delle Commissioni d'inchiesta sul caso Moro, sulla Loggia P2 e Antimafia. Autodidatta, coautore di *Resistenza in Romagna* (1969), autore del best seller *La tela del ragno. Il delitto Moro*, all'attività di studioso, scrittore e conferenziere alterna oggi quella di coltivatore diretto.

Sergio Flamigni
LA TELA DEL RAGNO
Il delitto Moro
Pagg. 396 – L. 38.000

La ricostruzione della strage di via Fani (Roma, 16 marzo 1978), e dei successivi 55 giorni del sequestro Moro. Gli affiliati alla Loggia P2 insediati ai vertici dei Servizi e delle forze di sicurezza; le indagini approssimative e omissorie, e i depistaggi delle ricerche della "prigione" brigatista; i reperti scomparsi e le ambiguità della magistratura romana; le manovre occulte e le implicazioni internazionali; le "lettere" di Moro, e i comunicati delle Br; il generale Dalla Chiesa e i documenti di via Monte Nevoso; le gravi responsabilità e le reticenze del ministro dell'Interno Cossiga; il presidente del Consiglio Andreotti e il conflitto fra il clan andreottiano e Carmine Pecorelli; le Brigate rosse e il "quarto uomo"... I misteri che ancora gravano sul delitto che ha segnato – mutandola – la storia della Repubblica. ***4ª edizione***

Sergio Flamigni
TRAME ATLANTICHE
Storia della Loggia massonica segreta P2
Pagg. 457 – L. 39.000

Massoni e golpisti: l'operazione "Tora Tora". La P2 nella strategia della tensione: la "Rosa dei Venti" e La Fenice di Ordine nuovo. Trame e ricatti all'ombra del Grande Oriente d'Italia. Il "Piano di rinascita" della Loggia segreta. Il finanziere venuto dal nulla: Michele Sindona. L'assalto ai mass media: giornali e Tv. La trama piduista da Moro a Pecorelli. I mercanti di San Pietro: Roberto Calvi e monsignor Paul Marcinkus. Fiamme Gialle, petrolio e tangenti. Massoni e mafiosi: fratelli a Montecarlo. La piramide superiore. La Loggia scoperchiata... Tra politica e affari, intrighi e corruttele, le trame eversive della banda massonica di Licio Gelli. *In appendice, tutti gli elenchi degli iscritti.*

Sergio Flamigni
«IL MIO SANGUE RICADRÀ SU DI LORO»
Gli scritti di Aldo Moro prigioniero delle Br
Pagg. 410 – L. 38.000

Le lettere e il "memoriale" scritti dal presidente della Dc Aldo Moro durante i 55 giorni trascorsi nella prigione delle Brigate rosse (16 marzo-9 maggio 1978), raccolti, ordinati secondo una possibile cronologia, e annotati a cura del massimo conoscitore del "caso Moro". Una drammatica documentazione che – come dimostra Flamigni in questo suo studio – è ancora parziale, anche dopo il secondo rinvenimento del 1990 nel covo Br di via Monte Nevoso.

TV, POLITICA E AFFARI: ASSEDIO ALLA DEMOCRAZIA

Giovanni Ruggeri
Mario Guarino
BERLUSCONI. INCHIESTA SUL SIGNOR TV
Pagg. 285 – L. 30.000

Gli oscuri esordi e gli anonimi capitali svizzeri, l'affiliazione alla P2 e le collusioni politiche con la destra Dc e col Psi craxiano, le ombre di Cosa Nostra e la Fininvest dei prestanome, l'occupazione dell'etere e il monopolio pubblicitario, le mani sui giornali e nello sport, gli ingenti debiti e il partito-azienda "Forza Italia": una inchiesta esemplare sui torbidi trascorsi di Silvio Berlusconi. ***5ª edizione***

Giovanni Ruggeri
BERLUSCONI. GLI AFFARI DEL PRESIDENTE
Pagg. 262 – L. 28.000

Gli scandali di Segrate-Milano 2 (licenze edilizie, rotte aeree, e il losco prete don Verzé). I capitali dalla Svizzera, le società di prestanome, le finanziarie-paravento e i flussi occulti del riciclaggio internazionale. La grande truffa: l'eredità dei marchesi Casati Stampa, l'avvocato Previti e la villa di Arcore. Berlusconi-Dell'Utri-Mangano e le ombre di Cosa Nostra. Le inchieste giudiziarie sulla Fininvest: mani sporche contro Mani pulite... ***3ª edizione***

Tribunali di Milano e Napoli
LE MAZZETTE DELLA FININVEST
Pagg. 262 – L. 28.000

Tribunale di Milano: il testo della sentenza di rinvio a giudizio per corruzione del vertice Fininvest; gli interrogatorî di Paolo e Silvio Berlusconi (e altri); le "donazioni" miliardarie di Berlusconi, e gli accertamenti della Questura sugli spostamenti di Bettino Craxi. Tribunale di Napoli: nel testo del mandato d'arresto a carico del manager Fininvest Maurizio Japicca, il racket televisivo berlusconiano in Campania con la banda De Lorenzo-Di Donato-Pomicino, fra società di prestanome, bilanci societari falsi, truffe contabili, evasione fiscale, tangenti in denaro e "in natura".

Procura della Repubblica di Palermo
Direzione distrettuale Antimafia
L'ONORE DI DELL'UTRI
Pagg. 286 – L. 30.000

I legami del berlusconiano Marcello Dell'Utri con Cosa nostra, nel testo integrale della "memoria" del Pubblico ministero allegata alla richiesta di rinvio a giudizio per concorso esterno in associazione mafiosa. Indagini, testimonianze di pentiti, riscontri, intercettazioni telefoniche: una lettura illuminante.

Michele Caccavale
IL GRANDE INGANNO
La banda del partito-azienda berlusconiano raccontata da un ex deputato di "Forza Italia"
Pagg. 205 – L. 28.000

Dalla formazione "clandestina" del partito-azienda (autunno 1993), alla vittoria nelle elezioni del marzo 1994; dai mesi del governo Berlusconi, all'anno del governo Dini: il deputato di Forza Italia Michele Caccavale racconta in presa diretta un biennio trascorso all'interno di una consorteria politico-affaristica nella quale si muovono loschi personaggi e interessi affaristici palesi e occulti.

Max Parisi
MALAFEDE
Cronache satiriche del meglio dell'Emiglio
Pagg. 125 – L. 15.000

Nel più repellente libercolo che sia mai stato pubblicato, le disgustose prodezze di Emiglio Fido, il più grottesco servo che padrone abbia mai avuto. ***3ª edizione***

Leo Sisti
Peter Gomez
L'INTOCCABILE
Berlusconi e Cosa nostra
Pagg. 322 — L. 30.000

Il boss Vittorio Mangano a villa San Martino. Il tentato sequestro D'Angerio. Cosa nostra e latitanti a Arcore. I broker d'onore e la lavanderia. Miliardi sporchi di eroina. Accuse di riciclaggio. Il pregiudicato Filippo Alberto Rapisarda. I flussi americani e i gemelli Dell'Utri. Caruana & Cuntrera, Ciancimino e i Corleonesi. Sesso e denaro al Tribunale di Milano. L'ombra di Bettino Craxi. L'isola del tesoro: Retesicilia e Trinacria Tv. Mafiosi e colletti bianchi. Il pizzo delle antenne. Prestanome e società off-shore. Dai Caraibi alla Sicilia. I processi di Milano e Torino: mille miliardi di fondi neri. La mafia catanese e gli attentati alla Standa. Votare Forza Italia. Armi, casinò e terreni. Mafia-massoneria-politica-affari. Un picciotto tra i "pulcini" del Milan. L'avvocato dei Graviano. La banda del riciclaggio...

Nota della Guardia di Finanza del 30 maggio 1983: «*È stato segnalato che il noto Silvio Berlusconi, interessato all'emittente televisiva privata Canale 5, finanzierebbe un intenso traffico di stupefacenti dalla Sicilia, sia in Francia che nelle altre regioni italiane (Lombardia e Lazio)...*»

Roberto Di Fede
IL ROSSO & IL NERO
Gli affari di Berlusconi con i "comunisti"
Le relazioni pericolose di Armando Cossutta
Pagg. 141 — L. 23.000

Una cooperativa rossa per Berlusconi. Dietro le quinte di Movicoop: affari e politica. I tentacoli della "holding rossa". Da Leonid Breznev a Armando Cossutta. I commercialisti Ceserani; il banchiere Nerio Nesi; lo spione Francesco Pazienza. Un cossuttiano molto speciale: Giuseppe Stante. Gli affari della Fininvest nella patria del "comunismo". Editoria, comunisti e massoni in Sardegna: l'affarista-politico Nicola Grauso. Gli "errori tecnici" di Rifondazione comunista in Parlamento.

LA TANGENTOPOLI DELLA FIAT

Pino Nicotri
FIAT. Fabbrica Italiana Automobili e Tangenti
Pagg. 246 – L. 28.000

Milioni e miliardi a esponenti politici. Il "tesoretto" svizzero e gli spalloni di Romiti. Le riunioni segrete e la strana "gita" a Vaduz. I licenziamenti-rappresaglia. La tecnica di accumulo dei fondi neri all'estero. Le menzogne dell'Avvocato... La Tangentopoli della Fiat, ricostruita con testimonianze dirette, documenti riservati e atti della Magistratura.

LA MADRE DI TUTTE LE TANGENTI

Tribunale di Milano, V Sezione penale
LA MAXITANGENTE ENIMONT
Pagg. 351 – L. 30.000

Politica e affari a Tangentopoli: il testo della sentenza che, al termine del processo per la maxitangente Enimont, ha condannato – fra gli altri – Renato Altissimo, Umberto Bossi, Gianni De Michelis, Severino Citaristi, Bettino Craxi, Arnaldo Forlani, Giorgio La Malfa, Claudio Martelli, Paolo Pillitteri, Paolo Cirino Pomicino.

DIETRO LO SCHERMO DELLA TV

Riccardo Bocca
MAURIZIO COSTANZO SHOCK
Affari, potere, alcova: i retroscena del telegiornalista più famoso d'Italia
Pagg. 159 – L. 25.000

Soci nell'ombra, maneggi e miliardi. L'arrampicata al successo. La carriera nella Loggia P2. Il sodalizio Tv col ministro-ladro Francesco De Lorenzo. Molestie sessuali: un'attrice racconta. Alla corte di Berlusconi. Agenzia matrimoniale. Pronto per tutte le stagioni: a sinistra della Destra, a destra della Sinistra... ***3ª edizione***.

I VERDI E IL POTERE

Carlo Ripa di Meana
SORCI VERDI
Pagg. 151 – L. 20.000

Intervistato da Stefania Marra, Carlo Ripa di Meana ripercorre un difficile quadriennio (1992-96) da portavoce dei Verdi. Fra impegno ambientalista, incontri e scontri politici, polemiche e lotte di potere, Ripa di Meana racconta episodi e aspetti inediti del partito Verde e della recentissima storia politica nazionale. *In appendice, una testimonianza di Marina Ripa di Meana.*

UN GIULLARE DI REGIME

Alessandro Roveri
SGARBI CON TRUFFA
Prodezze e sconcezze di Vittorio Sgarbi
Pagg. 199 — L. 25.000

Il D'Annunzio della Standa. Edipo in provincia di Ferrara. La politica come avanspettacolo. Un giullare per il potere. Un truffatore "garantista". Inganni quotidiani. L'assenteista pluricandidato. "Manutengolo del regime". L'ascaro del partito-azienda. Rivolta popolare. Un privato degno del pubblico. Nuove prodezze, nuove sconcezze... In appendice, il testo della sentenza della Pretura di Venezia che ha condannato Sgarbi per il reato di falso e truffa aggravata e continuata ai danni dello Stato.

UN MESTIERANTE DELLA POLITICA

Lucio Giunio Bruto
CICCIOBELLO DEL POTERE
Francesco Rutelli politicante in carriera
Pagg. 186 — L. 25.000

Gli anni dell'apprendistato nel Partito radicale come cocco di Pannella; il riciclaggio nei Verdi e la caccia alle poltrone; l'arrampicata al Campidoglio e la crociata per le Olimpiadi 2004... A colpi di opportunismi, spregiudicatezze e aria fritta, la travolgente carriera di un mediocre politicante. Passato dalle lotte contro la fame nel mondo agli appetiti dei palazzinari romani, dalle campagne anticlericali alle genuflessioni in Vaticano, dall'antimilitarismo ai campi di golf, dal Mahatma Gandhi all'avvocato Cesare Previti.

LA COSCA P2 E LA BANDA CRAXI

Tribunale di Milano
III Sezione penale
UBS-LUGANO. 633369 "PROTEZIONE"
Pagg. 210 – L. 25.000

I corruttivi rapporti tra il vertice del Psi craxiano, la Loggia massonica segreta P2, e il bancarottiere piduista Roberto Calvi, ricostruiti dal Tribunale di Milano nella sentenza relativa al conto bancario svizzero "Protezione" (Unione Banche Svizzere di Lugano, n° 633369). La sentenza condanna Bettino Craxi, Licio Gelli, Claudio Martelli, Leonardo Di Donna e Silvano Larini per concorso nella bancarotta fraudolenta del Banco Ambrosiano.

UN FUTURO SCRITTO NEL PASSATO

Corrado De Cesare
IL FASCISTA DEL DUEMILA
Le radici del camerata Gianfranco Fini
Pagg. 151 – L. 25.000

Breve antologia dei proclami ideologici e delle posizioni politiche espressi dal neofascista Gianfranco Fini tra il 1987 al 1993, cioè dal suo insediamento alla segreteria del Msi fino ai preparativi dell'operazione Alleanza nazionale. Una lettura che rivela l'intima e radicata essenza fascista dell'ex delfino di Almirante, e che testimonia come la repentina mutazione del Msi nel "nuovo" partito An sia stata mossa dalla sola brama di potere. ***2ª edizione***

UN DELITTO STORICO

III Corte d'Assise di Milano
LA SENTENZA DEL PROCESSO CALABRESI
Pagg. 428 — L. 38.000

I testimoni, i rilievi tecnici, la ricostruzione dell'omicidio; le dichiarazioni di Leonardo Marino (la "struttura clandestina" di Lotta continua, le rapine, la preparazione e l'esecuzione del delitto, la "colonna romana"); la difesa degli imputati... Il testo integrale della sentenza emessa dalla III Corte d'Assise di Milano il 2 maggio 1990, che ha condannato Ovidio Bompressi, Leonardo Marino, Giorgio Pietrostefani e Adriano Sofri per l'omicidio del commissario Luigi Calabresi (Milano, 17 maggio 1972). *Prefazione di Giorgio Galli*

LA POLVERE DEL TEMPO

Corrado De Cesare [a cura di]
IL COMPAGNO MASSIMO
Quando D'Alema era comunista, 1975-1990
Pagg. 236 — L. 25.000

Un'antologia degli scritti e dei discorsi di Massimo D'Alema dirigente del Partito comunista italiano. «Il nostro "principio" è la critica all'oppressione dell'uomo sull'uomo, l'idea del socialismo, la necessità della rivoluzione nell'Occidente, il marxismo. È in nome di questo principio, libero da incrostazioni dogmatiche, che noi oggi critichiamo le contraddizioni del "socialismo reale". Non per negarlo, ma perché possa affermarsi nelle condizioni del mondo attuale» [*M. D'Alema, gennaio 1982*]. *Prefazione di Giorgio Galli.*

GRANDE PENNA COMUNISTA

Luigi Pintor, nato a Roma ma di origine sarda, ha lavorato a "l'Unità" dal 1946 al 1965. Radiato dal Pci nel 1969, ha dato vita al "manifesto", il quotidiano comunista sul quale scrive dal 1971. Deputato del Pci dal 1968 al 1972, è stato rieletto alla Camera nel 1987 come indipendente nelle liste comuniste. Celeberrimo corsivista, nel 1991 Pintor ha rivelato appieno il suo straordinario talento letterario pubblicando l'autobiografico *Servabo* («Pochi resistono alla tentazione di voltarsi indietro nel desiderio di restituire alle cose una durata che di per sé non hanno...»).

Luigi Pintor
PAROLE AL VENTO
Brevi cronache degli anni Ottanta
Pagg. 390 – L. 35.000

Una raccolta dei memorabili editoriali e corsivi, sui più rilevanti temi e accadimenti della politica italiana e estera degli anni Ottanta, pubblicati sul "manifesto" nel decennio 1980-1989. I muscoli di Reagan, e la sfida rivoluzionaria di Gorbaciov; il terremoto dell'Europa orientale, e il feroce massacro di Deng; il Pci dell'ultimo Berlinguer, e l'ultimo Pci di Occhetto; l'irresistibile ascesa di Craxi e la modernità di Andreotti; l'Italia dello strapotere Fiat e dell'evasione fiscale, e l'Italia sommersa che non vuole morire democristiana né craxiana... *«Gli anni '80 sono stati deprimenti, ai miei occhi, e da queste pagine lo si capisce. La politica italiana è fatta di nulla – rabbrividisco al pensiero delle sciocchezze e delle turpitudini di palazzo a cui uno deve star dietro. All'ombra di questo nulla, però, è successo quasi di tutto, si è discretamente svuotata la democrazia e se n'è volata via ogni idea di sinistra...»* ***2ª edizione***

I MISTERI DELLA REPUBBLICA

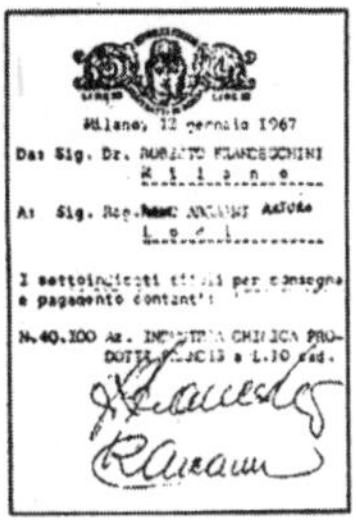

Francesco Pecorelli
Roberto Sommella
I VELENI DI "OP"
Le "notizie riservate" di Mino Pecorelli
Pagg. 318 – L. 30.000

Un'ampia antologia dei più significativi articoli di Mino Pecorelli, l'ambiguo giornalista che negli anni 1968-1979, con la sua agenzia "Op" (alimentata da settori dei servizi segreti e dal sottobosco politico romano), denunciava gli intrighi del mondo politico e raccontava i retroscena delle faide di potere. In appendice, il testo integrale della *Domanda di autorizzazione a procedere contro Giulio Andreotti per l'omicidio Pecorelli.*

UNA BANDA PIÙ CHE CRIMINALE

Gianni Flamini
LA BANDA DELLA MAGLIANA
Storia di una holding politico-criminale
Pagg. 146 – L. 23.000

La storia della struttura illegale denominata "banda della Magliana", cerniera tra il crimine organizzato e settori dell'eversione armata, dei servizi segreti, della politica, del Vaticano, della finanza. Uno dei più torbidi capitoli dei misteri della Repubblica.

UNA VITA SPEZZATA

Mario Krebs
VITA E MORTE DI ULRIKE MEINHOF
Pagg. 275 – L. 35.000

L'intensa e drammatica biografia di Ulrike Meinhof, la rivoluzionaria comunista della Raf "suicidata" nel carcere-lager di Stammheim nei roventi anni Settanta della Germania *bundesrepubblicana*.

I COLORI DEL ROSSO

Karl Marx
TRA I FIORI NON CE N'È ALCUNO CHE SIA NERO
Pagg. 138 – L. 18.000

Frammenti marxiani tra "avere" e "essere", verso la piena realizzazione umana. Una rilettura originale e più pertinente del pensiero di Karl Marx, al di là dello stereotipo economicista e dottrinario. *A cura di Carlo Vismara.*

L’ANARCHICO ARLECCHINO

Dario Fo
FABULAZZO
Il teatro, la cultura, la politica, la società, i sentimenti: articoli, interviste, testi teatrali, fogli sparsi, 1960-1991
Pagg. 384 – L. 40.000

Una “autobiografia” che ricostruisce nella sua interezza la complessa figura di Dario Fo, ripercorrendone l’itinerario umano e artistico, a partire dai lontani anni Sessanta e fino alla sua attuale dimensione di commediografo vivente più rappresentato nel mondo. «Sono un timido, un impacciato, faccio continuamente gaffe, mi dimentico di tutto... Poi guardo i difetti degli altri, li unisco ai miei, li ingrandisco, ci aggiungo la commozione, la vigliaccheria, i pudori inutili, il cattolicesimo che ho addosso e che in certe forme non vorrei (ma che mi tiro dietro perché sono nato in Italia e anch’io andavo a fare il chierichetto), le paure, il non sapere cosa dire, il parlar troppo in certi momenti, il vergognarmi d’aver detto certe cose. Ho il coraggio di vedermi, di capire quando sbaglio e quando la finta modestia mi fa fare atti di presunzione... E poi m’ispiro alla storia, cerco di capire cos’è l’ignavia, se esiste oggi, dove si trova, perché gli uomini cercano di stordirsi con le distrazioni o si buttano a capofitto nel lavoro...»

L'AGONIA DEL POPOLO PELLEROSSA

Nando Minnella
FRECCE SPEZZATE
Gli indiani d'America oggi: voci e immagini di un popolo in lotta contro l'estinzione
Pagg. 276 – L. 40.000

Le testimonianze di capi, leader spirituali, sciamani, studiosi, esponenti dell'American Indian Movement (Ron Two Bulls, Leonarel Crow Dog, Phillip Deere, David Monongwe, Alfonso Ortiz, Thomas Banyacya, Ted Means, Leon Shenandoah), in una corale denuncia della drammatica realtà odierna del superstite popolo e della cultura pellerossa.

Ray Allen
Fernando Eros Caro
PRIGIONIERI DELL'UOMO BIANCO
Pagg. 111 – L. 17.000

Lettere, poesie, disegni di due pellerossa – Ray "Orso-che-corre" Allen e Fernando Eros Caro – condannati alla pena capitale e detenuti nel braccio della morte del carcere Usa di San Quentin in attesa dell'esecuzione. *A cura di Marco Cinque.*

Finito di stampare nel marzo 1998
presso Grafica Sipiel Milano
per conto della Kaos Edizioni
Fotocomposizione Photo Life Milano